Wie schneide ich *meine Gartenpflanzen?*

ROSA WOLF

Wie schneide ich *meine Gartenpflanzen?*

Rosen
Hecken
Kletterpflanzen
Bäume
Sträucher

STRÄUCHER & BÄUME

Fächer-Ahorn 12 • Besenheide 14 • Blauraute 16
Deutzie 18 • Felsenbirne 20 • Fingerstrauch 22
Flieder 24 • Forsythie 26 • Ginster 28
Hartriegel 30 • Bauern-Hortensie 32
Rispen-Hortensie 34 • Blut-Johannisbeere 36
Kolkwitzie 38 • Kugelbäume 40 • Lavendel 42
Lorbeerkirsche 44 • Mandelbäumchen 46
Roter Perückenstrauch 48 • Pfeifenstrauch 50
Ranunkelstrauch 54 • Rhododendron 56
Schmetterlingsstrauch 58 • Schneeball 60
Spierstrauch 62 • Zierweide 64 • Weigelie 66

PRAXIS – Sträucher & Bäume schneiden 68

ROSEN

Beetrosen 72 • Edelrosen 74
Strauchrosen 76 • Bodendecker-rosen 80 • Kletterrosen 82
Ramblerrosen 84 • Hochstamm- und Kaskadenrosen 86 • Zwergrosen 88

PRAXIS – Rosen schneiden 90

HECKEN

Liguster-Hecke 94 • Berberitzen-Hecke 96 • Buchen-Hecke 98
Buchsbaum-Hecke 100 • Eiben-Hecke 102 • Fichten-Hecke 104
Scheinzypressen-Hecke 106

PRAXIS – Hecken verjüngen 108

KLETTERPFLANZEN

Clematis – Frühjahrsblüher **112**
Clematis – Großblumige Sommerblüher **114** • Clematis – Viticella-Hybriden **116** • Glyzine, Blauregen **118** • Winter-Jasmin **120**
Kiwi **122** • Weinrebe **124**

PRAXIS – Kletterpflanzen **126**

STAUDEN

Frauenmantel **130** • Katzenminze **132** • Phlox, Flammenblume **134** • Rittersporn **136**
Spornblume **138** • Lampenputzergras **140**

PRAXIS – Stauden schneiden **142**

GUTES WERKZEUG FÜR DEN SCHNITT

Gartenscheren – die Allrounder unter den Schnittigen **146**
Heckenscheren **148**
Astscheren und Baumsägen **150**

ANHANG Schnittkalender **152** • Bezugsquellen und Adressen **154**
Stichwortverzeichnis **155** • Autorin und Impressum **159**

Greifen Sie mit Mut zur Schere

Viele Gartenbesitzer scheuen sich davor, die Schere in die Hand zu nehmen und beherzt zu schneiden. Oft gilt das Schneiden von Rosen, Stauden und Gehölzen als eine »komplizierte Angelegenheit«, von der man lieber die Finger lässt. Doch weit gefehlt: Ganz so schwierig ist das gar nicht. Dieser Praxisratgeber zeigt Ihnen, wie, wo und wann Sie die Schere ansetzen müssen.

Damit Sie stets die Schere zum optimalen Zeitpunkt an der richtigen Stelle ansetzen, müssen Sie wissen, welche Pflanzen im eigenen Garten wachsen. Denn für viele Arten gelten ganz bestimmte Schnittregeln. So werden Schmetterlingsflieder oder öfterblühende Rosen völlig anders geschnitten wie etwa Spätsommerblüher wie die Blauraute oder wie Kugelbäume. Auch unter den Kletterpflanzen, Stauden und Heckengehölzen gibt es große Unterschiede bei Schnittform, Schnittzeitpunkt und Schnitthäufigkeit. Neben den einzelnen Schnittregeln gilt es aber auch zu klären, ob ein Schnitt überhaupt notwendig ist. Manchen Gehölzen wie Zaubernuss, Magnolie oder Fächerahorn sind scharfe Schnitte eher abträglich.

Ein regelmäßiger Rückschnitt ist nur sinnvoll, wenn man ein **klares Ziel** verfolgt. Das können möglichst viele Blüten oder ein zweiter Spätsommerflor genauso sein wie zahlreiche Jungtriebe mit intensiv gefärbter Rinde oder auffälligen Blättern. Bei Hecken werden es eher die akkuraten Formen sein, und bei Rosen steht neben der Förderung von Blütenknospen natürlich auch die Gesunderhaltung der Stöcke im Vordergrund.

Ein anderer Grund für scharfe Schnitte ist die Dimension der Sträucher. Zu groß gewordene Gehölze möchte man verkleinern, oder überalterte Sträucher radikal verjüngen.

Für alle Pflanzen gelten einige grundlegende Schnittregeln:

So lässt man keine **»Kleiderhaken«** stehen, versucht stets die Wunden so klein wie möglich zu halten und schneidet nie bei Frost. Außerdem verschafft es jedem Gehölz Luft und Licht, wenn man im Turnus von einigen Jahren **alte, vergreiste Zweige entfernt**.

Nach der Blüte setzt man beim Lavendel die Schere an. Für kompakte Pflanzen ist ein regelmäßiges Stutzen unverzichtbar, und zwar bereits von Anfang an.

Die wichtigsten Schnittregeln für Gehölze

Generell gilt für den Schnitt der Blütengehölze im Garten: Je nach Alter der Sträucher benötigen sie unterschiedliche regulative Eingriffe des Gärtners.

1. Schnitt von Anfang an

Es beginnt mit einem **Pflanzschnitt**, der allerdings häufig von den Fachleuten in der Baumschule durchgeführt wird. Wer sich nicht sicher ist, sollte beim Einkauf vor Ort direkt danach fragen. Mit dem Pflanzschnitt wird das Grundgerüst des Gehölzes festgelegt, die Wurzeln auf die Dimension der Pflanze angepasst und krankes oder totes Holz entfernt. So ist die Pflanze startklar für das Leben in Ihrem Garten.

2. Gute Erziehung hilft

In den ersten Jahren brauchen einige Gehölze noch einen so genannten **Erziehungs- oder Aufbauschnitt**. Das gilt vor allem für Obstbäume, aber auch für manche Ziergehölze. Immergrüne Sträucher wie Kirschlorbeer oder Rhododendron entwickeln von Natur aus eine klare Form mit gleichmäßiger Verzweigung. Sie brauchen keinen Erziehungsschnitt. Laubsträucher, die am zweijährigen oder alten Holz blühen, benötigen allerdings zu ihrer vollen Entfaltung in den ersten Jahren eine gute Erziehung. Dafür entfernt man zu dicht wachsende und sich überkreuzende Triebe. So verschafft man dem Inneren des Strauches Luft und Licht, was für eine gesunde Entwicklung notwendig ist. Überlange Triebe werden eingekürzt. Sträucher, die am diesjährigen Holz blühen, etwa der Schmetterlingsstrauch, kappt man jedes Jahr auf ein Grundgerüst. Soll der Strauch höher wachsen, schneidet man das Grundgerüst nicht so stark zurück.

3. Erhalten und Begrenzen

Der **Erhaltungs- oder Auslichtungsschnitt** wird erst nach vier bis fünf Jahren Standzeit im Garten angewendet. Da die meisten Sträucher fortlaufend neue Triebe bilden, ist es ratsam, die Gehölze alle zwei bis drei Jahre auszulichten. Bei schwach wachsenden und wenig verzweigten Sträuchern können die Zeitabstände auch größer sein. Man kappt dabei die ältesten Triebe direkt über dem Boden oder schneidet sie bis auf einen im Bogen stehenden Trieb zurück. Zusätzlich kürzt man die schwachen und wenig verzweigten Jungtriebe um ein Drittel oder ein Viertel ihrer Länge ein. Abgeblühtes wird bis zu nichtblühenden Trieben entfernt. Kranke Triebe werden bis ins gesunde Holz zurück geschnitten.
Bei Ziersträuchern, die im Hochsommer oder im Herbst am einjährigen Holz blühen, werden alle Triebe etwa 20 cm über dem Boden abgeschnitten. Anschließend sprießt in Windeseile eine Vielzahl junger Triebe, die im Sommer blühen. Dabei werden die Zweige der Strauchmitte am wenigsten eingekürzt, die seitlichen am stärksten.
Vernachlässigt man diesen Schnitt, entwickeln sich die Sträucher zu dichten, undurchdringlichen Gestalten, die durch schwachen Zuwachs und spärliche Blüte wenig Freude bereiten. Ziel ist es, das arttypische Erscheinungsbild zu unterstützen, für einen gepflegten Eindruck zu sorgen und eine reichere Blüte zu fördern.

Der beste Zeitpunkt

Alle im Hochsommer blühenden Sträucher haben ihre Blütenknospen am neuen, diesjährigen Holz. Deshalb schneidet man sie im Vorfrühling – Februar bis März –, sobald die strengen Fröste vorbei sind. Aber alle Frühjahrsblüher und Laubsträucher, die vor dem Hochsommer blühen, tun dies am zwei Jahre alten oder älteren Holz.
Das bedeutet: Man setzt die Schere direkt nach der Blüte an. Danach treibt neues Blütenholz für das kommende Jahr nach. Ein stärkerer Auslichtungsschnitt in der Vegetationsruhe während des Winters hat den Verlust von Blütenknospen zur Folge, schwächt die Sträucher aber nicht so stark wie ein starkes Auslichten mitten im Sommer.

4. Verjüngen – zwei Varianten

Gut versorgt und am optimalen Standort gepflanzte Gehölze brauchen zeit ihres Lebens keinen Verjüngungsschnitt. Nur wenn die Sträucher zu eng stehen, jahrelang nicht gedüngt oder bei Trockenheit nicht oder zu wenig gewässert, und nicht geschnitten werden, sehen sie unschön aus, verkahlen von innen her und bereiten keinen schönen Anblick mehr.
Will man sie nicht durch Neue ersetzen, bleibt nur ein **Verjüngungsschnitt**. Die moderate Variante ist, totes und krankes Holz sowie die Hälfte aller Triebe an der Basis zu entfernen. Damit bleibt für den Rest genug Platz, um neu durchzutreiben. Allerdings treiben viele Sträucher mit zunehmendem Alter immer schwächer aus.

Dagegen schaffen es einige Sträucher, sich nach einem **radikalen Rückschnitt** komplett von der Basis her neu aufzubauen. Diese Sträucher verfügen über schlafende Augen an der Basis. Erkennen können Sie das an den Jungtrieben, die sich stets aus der Basis entwickeln, wie etwa bei Berberitze, Schmetterlingsstrauch, Flieder, Ranunkelstrauch, Bauernjasmin oder Haselnuss.
Bei einem radikalen Rückschnitt kappt man alle Äste auf 30–50 cm Höhe, lässt aber nur so viele Zweige stehen, wie man für den Aufbau des Gehölzes braucht. Die anderen werden am Boden gekappt. In den ersten Jahren danach treibt die Pflanze mit enormer Schubkraft jede Menge einjährige Triebe. Diese muss man dann regelmäßig auslichten, einige

Damit der Sibirische Hartriegel kräftig rot gefärbte Ruten bildet, schneidet man alle Triebe in jedem Frühjahr stark zurück.

Der Winter sorgt für klare Sicht

Für die meisten Ziersträucher sind die Wintermonate die beste Zeit, um sie zu verjüngen. Wenn das Laub längst gefallen ist, kann man sich schnell einen Überblick über den Aufbau der Sträucher verschaffen und altes sowie krankes Holz auf Anhieb erkennen.

davon auch leicht zurückschneiden. Doch nach kurzer Zeit beruhigt sich das starke Wachstum und die Sträucher beginnen wieder kräftig zu blühen.
Flankieren sollte man diese rigorose Maßnahme mit guter Pflege: reichlich Wasser bei Trockenheit, eine extra Portion Dünger und eine sinnvolle Bodenpflege. In strengen Wintern empfiehlt es sich, den Boden rund um die Verjüngten mit Humus oder Laub und Kompost abzudecken.

Das gilt für alle Gartenpflanzen

- **Scharfes Werkzeug** in die Hand nehmen! Für den Rückschnitt benutzt man scharfe und sachgerechte Werkzeuge. Am besten eignen sich zweischneidige Gartenscheren mit Muttersicherung. Bei ihnen lösen sich die beiden Scherenhälften nicht, die Triebe werden also nicht gequetscht. Mehr dazu lesen Sie in Kapitel 6 »Werkzeuge für den Schnitt«.
- Die Schere sollte **immer möglichst dicht über einer Knospe** angesetzt werden. Und zwar so, dass die kleinstmögliche Wunde entsteht. Der Schnitt wird nahezu im rechten Winkel zum Trieb angelegt.
- Entstehen **Wunden**, die größer als ein »2-Euro-Stück« sind, verstreicht man diese mit Baumwachs oder LacBalsam, einem dauerelastischen Wundverschlussmittel.

Die zierliche Sommerschere mit den schmalen Klingen (von Gartenbedarf-Versand Ward) eignet sich sehr gut, um feine Triebe zu stutzen.

- Die meisten Schnittmaßnahmen werden **in der Zeit der Vegetationsruhe** zwischen Dezember und März durchgeführt, sollten aber niemals an Frosttagen erfolgen. Gefrorenes Holz splittert beim Schnitt sehr leicht und es entstehen gefährliche Wunden.

Ausnahmen dieser Regel sind alle Frühjahrsblüher wie Forsythien, Edelginster und Flieder. Sie entwickeln ihre Blütenknospen im Jahr vor der Blüte und werden deshalb unmittelbar nach der Blüte geschnitten.

Faustregeln für Immergrüne

Rhododendron, Lorbeerkirsche oder Stechpalme brauchen nur sehr wenig Schnitt. Man entfernt krankes, totes oder schwaches Holz sowie ungünstig wachsende Triebe. Der Zeitpunkt dafür ist der Frühling, sobald es nicht mehr gefriert.
Zusätzlich knipst man die abgeblühten Blüten aus, damit die Pflanze ihre Kraft in neue Triebe statt in Samen steckt. Das gilt vor allem für junge Rhododendren und Azaleen. Ziehen Sie Handschuhe an - die Knospen sind sehr klebrig.

Sträucher & Bäume

Für die meisten Gartengehölze reicht es, wenn man regelmäßig kranke oder tote Zweige entfernt und im Turnus von zwei oder drei Jahren die ältesten Triebe kappt. Blütensträucher danken ein regelmäßiges Auslichten mit üppiger Blüte. Doch einige Arten brauchen jährlich einen resoluten Schnitt. Das gilt beispielsweise für Zier-Weide, Schmetterlingsstrauch und Besenheide sowie für Kugelbäume.

Je älter und reifer sie sind, desto vornehmer ihre Erscheinung: Japanische Ahorne wachsen langsam und werden auch nach 10-15 Jahren meist nur 150 cm, selten 200 cm groß. Allzu viel Schnitt ist ihrer Schönheit abträglich.

Fächer-Ahorn *Acer palmatum*

Infobox

Schnittziel:
Keine Wildtriebe; natürlichen Wuchs erhalten
Schnittzeitpunkt:
Juni bis August
Schnitthäufigkeit:
Nur bei Bedarf

Je älter, desto schöner

Malerisch streben die Äste der japanischen Ahornbäume nach außen und balancieren dabei auf dünnen Blattstielen – je nach Sorte – gelappte oder geschlitzte Blätter, die sich im Herbst orange- bis feuerrot färben. Die Sortenvielfalt ist sehr groß, beliebt sind ‘Dissectum’ mit geschlitzten Blättern oder ‘Osakazuki’ mit im Herbst orangerotem Laub. Schneiden Sie die Bäume nur sehr wenig, um den natürlichen Habitus möglichst zu erhalten. Man sollte nur die Wildtriebe sowie nach innen wachsende Seitentriebe entfernen und allzu steile Gabelungen der Gerüstäste vermeiden. Kürzen Sie auf keinen Fall die Triebe ein.

EXTRA: Fächer-Ahorn ist sehr schnittempfindlich und wird im Herbst oder Winter nicht vertragen. Daher den Schnitt nur im Sommer zwischen Juni und August vornehmen, damit die Wunden schnell verheilen können.

Besenheide gedeiht am besten auf mäßig nährstoffreichen, kalkfreien Böden, die gleichmäßig feucht bleiben. Sie lieben die volle Sonne, wachsen aber auch im Halbschatten. Wer sie in Töpfen hält, muss unbedingt regelmäßig gießen – auch im Winter!

Besenheide *Calluna vulgaris*

Beim Rückschnitt immer einige Zentimeter unterhalb der abgeblühten Rispen schneiden!

Infobox

Schnittziel:
Halbkugelige Form; jährliche Blüte
Schnittzeitpunkt:
April
Schnitthäufigkeit:
Jährlich

Formschön zu allen vier Jahreszeiten

Die halbkugeligen, kompakten Immergrünen trumpfen im Spätsommer auf. Manche Sorten beginnen im Juli zu blühen und setzen bis September Farbakzente; andere glühen von September bis zum Frost.

Die Besenheide gehört zu den Klassikern im Vorgarten als auch im Stein- und Topfgarten, denn sie sind unkompliziert in der Pflege. Nur eines ist sehr wichtig: der jährliche Rückschnitt im Frühjahr. Nur regelmäßig gestutzt behalten die Ministräucher ihre kompakte, halbkugelige Form und bieten alljährlich wieder ein Blütenspektakel. In der norddeutschen Heide sorgen übrigens Schafe für das regelmäßige Stutzen der Triebe!

Schneiden Sie im Frühjahr, am besten im April, die verblühte Besenheide etwa um ein Viertel zurück. Setzen Sie die Schere aber unbedingt einige Zentimeter unter den verblühten Rispen an und trimmen Sie dabei die Sträucher zu einer halbkugeligen Form. Ohne Rückschnitt können die Pflanzen von innen verkahlen.

Die silbrigen, filzigen Blätter und Zweige der Blauraute verströmen einen angenehmen Duft. Der maximal 1 m hohe Sommerblüher passt gut in den Vordergrund eines Terrassenbeetes oder in große Terrakottagefäße.

Blauraute *Perovskia abrotanoides*

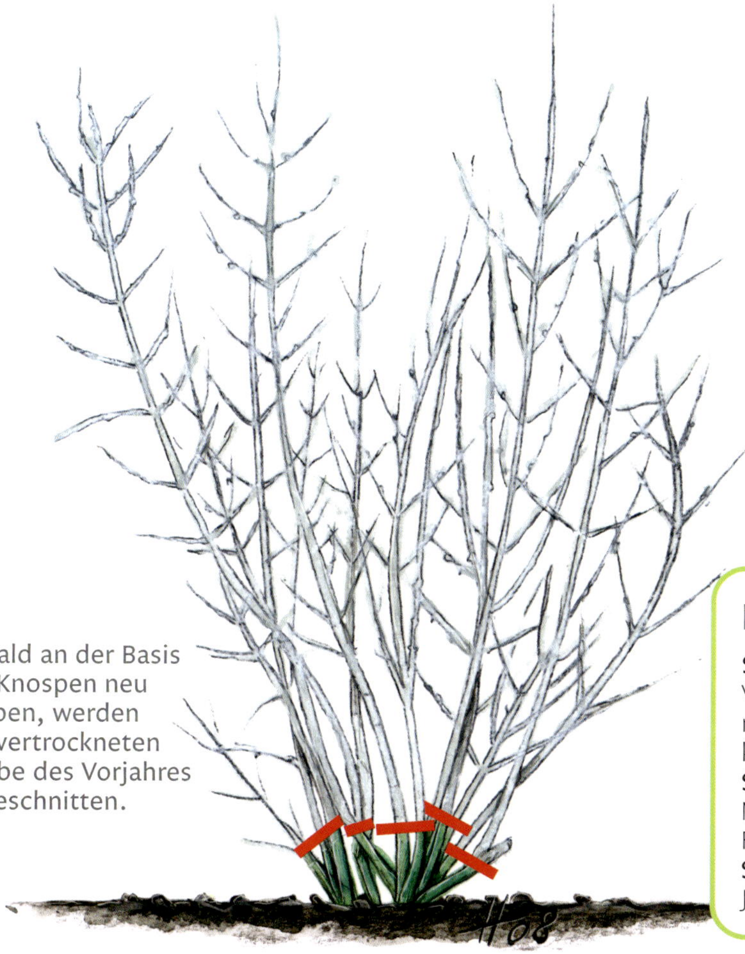

Sobald an der Basis die Knospen neu treiben, werden die vertrockneten Triebe des Vorjahres abgeschnitten.

Infobox

Schnittziel:
Viele, einjährige Ruten mit zahlreichen Blütenknospen

Schnittzeitpunkt:
März/April; nach den Frösten

Schnitthäufigkeit:
Jährlich

Silbergraue Eleganz mit blauen Blüten

Ab August – mancherorts schon etwas früher – leuchten die silberblauen Gestalten der Blauraute aus den Beeten. Je sonniger und sandiger der Standort ist, desto wohler fühlt sich der aus den westasiatischen Steppen stammende Strauch. Streng genommen ist es aber kein Strauch, sondern nur ein Halbstrauch. Halbsträucher sind meist kurzlebiger als Sträucher und haben weiche Triebe, die aus einer holzigen Basis kommen. Die Triebe der Blauraute sterben im Winter ab, aus der Basis treiben junge Neutriebe, an denen sich zahlreiche Blütenknospen bilden. Um Platz für den frischen Austrieb zu schaffen, schneidet man die Halbsträucher im Frühjahr bis knapp über dem Boden zurück.

EXTRA: Die Blauraute begeistert außerdem mit einem aromatisch duftenden, graugrünen Laub an weißen Trieben.

Hier kann man gut erkennen, was mit »besenartigem Wuchs« bei Deutzien gemeint ist – die straff aufrecht wachsenden Triebe sehen im unteren Bereich unschön aus. Am besten mit halbhohen Spireen oder Rosen kaschieren.

Deutzie *Deutzia*-Hybriden

Schneiden Sie alle abgeblühten Triebe nach der Blüte auf junge Seitentriebe zurück. So fördern Sie die Blüte des kommenden Jahres. Entfernen Sie auch regelmäßig ältere Tiebe an der Basis der jungen Sträucher. So erhalten Sie die Sträucher jung und blühwillig.

Infobox

Schnittziel:
Buschig wachsende Sträucher mit vielen blühfähigen Trieben
Schnittzeitpunkt:
Juli/August
Schnitthäufigkeit:
Jährlich

Vollkommener Blütenrausch

Im Frühsommer bieten die Deutzien ein tolles Blütenspektakel. Mit üppiger Blüte überspielen sie ihren weniger schönen Habitus. Die Sträucher gehören nicht in den Vordergrund, da sie mit ihren besenartigen Trieben nach der Blüte eher unansehnlich sind. Ziel des jährlichen Rückschnitts ist es daher, die eher straff aufrecht wachsenden Sträucher zu einem buschigen Wuchs zu animieren und blühfähige Triebe zu fördern. Da sich im Juni die Blüten an Trieben öffnen, die im letzten Jahr gewachsen sind, setzt man die Schere erst nach der Blüte an. Schneiden Sie alle abgeblühten Triebe bis auf die jungen Seitentriebe zurück. So fördern Sie die Blüte des kommenden Jahres. Wenn Sie zudem regelmäßig ältere Triebe an der Basis der Sträucher entfernen, erhalten Sie die Deutzie jung und blühwillig. Von Deutzien gibt es viele Sorten und Arten. Beliebt ist die Zwergart *Deutzia gracilis*, auch Maiblumenstrauch genannt. Sie verträgt Formschnitte und wurde so auch in Barockgärten verwendet.

Die Kupfer-Felsenbirne bietet neben berauschender Blüte im Frühjahr eine Vielzahl essbarer Früchte im Herbst. Aus den apfelförmigen Wildfrüchten lässt sich eine süße Marmelade mit leicht marzipanartigem Geschmack herstellen.

Felsenbirne *Amelanchier lamarckii*

Entfernen Sie alle zwei bis drei Jahre ein Drittel der Haupttriebe am Boden. Wählen Sie dafür die ältesten Triebe aus. Man erkennt sie an der gefurchten, rauen Rinde.

Infobox

Schnittziel:
Malerischer Wuchs; Platz für blühfreudige Zweige; Luft und Licht fürs Innere älterer Sträucher
Schnittzeitpunkt:
Stärkeres Auslichten von Dezember bis März; leichtere Schnitte nach der Blüte
Schnitthäufigkeit:
Nach vier bis fünf Jahren; dann alle zwei bis drei Jahre

Blüten, Früchte und rotes Herbstlaub

Kaum ein Strauch bietet so viele optische Reize und noch dazu kulinarische Genüsse. Die Felsenbirne kleidet sich im Frühling mit weißen Blütentrauben bräutlich, im Sommer reifen die leckeren Früchte heran, die im September reif und dann schwarz werden. Danach färbt sich das Laub so intensiv orangerot, dass man voller Ehrfurcht innehält. Von Natur aus wachsen Felsenbirnen sehr malerisch. Ein jährlicher Rückschnitt ist überflüssig. Erst nachdem die Sträucher vier bis fünf Jahre im Garten stehen, sollte man im Turnus von zwei bis drei Jahren jeweils die ältesten Triebe – maximal ein Drittel der Haupttriebe – direkt über dem Boden entfernen. Zusätzlich kann man sich kreuzende Äste kappen. Das gilt auch, wenn Äste stören oder andere Sträucher bedrängen. Wie bei allen Ziergehölzen entfernt man regelmäßig verletzte, kranke oder abgestorbene Triebe.

'Goldfinger' – eine klassische und zuverlässige Sorte des Fingerstrauchs, die auch unter dem Namen 'Jackmann's Superb' gehandelt wird. Der buschige Strauch wird maximal 1 m hoch und eignet sich bestens für niedrige Hecken.

Fingerstrauch *Potentilla fruticosa*

Ein starker Rückschnitt sorgt für Blütenfülle und größere Einzelblüten.

Nach der ersten Blüte die Triebe stutzen!

Infobox

Schnittziel:
Üppige Blüte; vitale Sträucher; schöner Habitus
Schnittzeitpunkt:
März und August
Schnitthäufigkeit:
Jährlich ein- bis zweimal

Goldgelber Sterntaler der Gärten

Ob als niedrige Blütenhecke oder entlang einer Trockenmauer, als Blütenstrauch im Staudenbeet oder sogar flächig gepflanzt – Fingersträucher begeistern durch ihre unkomplizierte Pflege. Sie blühen von Mai bis August. Es gibt gelbe Sorten – etwa die robuste 'Goldfinger' –, aber auch reinweiße wie 'Abbotswood' oder die rotorangefarbene 'Red Ace'. Die weiß und rot blühenden wachsen schwächer, sie brauchen weniger Schnitt. Dagegen bilden die gelben Sorten viele neue Bodentriebe, an deren Enden im Laufe des Sommers zahlreiche Blüten sitzen. Mit einem jährlichen, radikalen Rückschnitt erzielt man einen reichen Flor und größere Blüten. Ohne Schnitt vergreisen die Sträucher früh und fallen leicht auseinander.

Schneiden Sie vor dem Austrieb im Frühjahr die ältesten Triebe bis zur Basis heraus und entfernen Sie das schwache Holz. Nach der Blüte kann man die abgeblühten Triebe einkürzen und damit einen zweiten Blütenflor fördern.

Edelflieder-Hybriden werden alle etwa 4–6 m hoch, wobei die weißen Sorten eher etwas schwächer wachsen. Die hier gezeigte ‘Marie Legraye’ ist eine sehr alte Sorte, die bereits 1879 gezüchtet wurde.

Flieder *Syringa vulgaris*

Infobox

Schnittziel:
Üppige Blüte; vitale Sträucher; schöner Habitus
Schnittzeitpunkt:
Dezember bis Februar und Mitte Juli
Schnitthäufigkeit:
Jährlich zweimal

Der Frühlingsduft schlechthin

Flieder ist für viele der Inbegriff von Frühling – von Mai bis Juni verströmen die purpurroten bis violetten Blütenrispen ihren süßen Duft. Der Strauch zählt zu den beliebtesten Gartengehölzen.

Zur Erhaltung eines natürlichen Wuchsbildes ist ein moderates Auslichten nötig. Das bedeutet, man entfernt die herausragenden Äste und die unerwünschten Ausläufer sowie krankes und totes Holz. Den Auslichtungsschnitt sollte man auf die Wintermonate beschränken. Im Sommer werden die abgeblühten Rispen abgeschnitten und die Sträucher leicht ausgelichtet.

EXTRA: Mit den Jahren neigt der Flieder zum Vergreisen. Da hilft nur noch ein radikaler Rückschnitt sämtlicher Triebe direkt über dem Boden. Dieses resolute Vorgehen nennt der Fachmann »Auf-den-Stock-setzen«. Es bewirkt den Neuaustrieb von zahlreichen neuen Trieben und damit eine komplette Verjüngung (mehr dazu unter PRAXIS Seite 68).

Forsythien-Gelb trumpft im Frühling mächtig auf. Die Sträucher werden circa 1,50 m bis 2 m hoch und tendieren dazu, sich recht breit zu machen. Beim Rückschnitt störende Seitenäste einkürzen.

Forsythie, Goldglöckchen *Forsythia × intermedia*

Kappen Sie vergreiste Haupttriebe 5 cm über dem Boden.

Infobox

Schnittziel:
Üppige Blüte; vitale Sträucher; schöner Habitus
Schnittzeitpunkt:
Mai
Schnitthäufigkeit:
Alle zwei Jahre

Goldene Glocken zum Saisonstart

Kaum ein anderes Ziergehölz bietet eine solche Präsenz in den meist noch kahlen Frühlingsgärten. Die kräftiggelben Blüten leuchten weithin und signalisieren: Die Gartensaison hat begonnen.

Damit Forsythien nicht verkahlen und vergreisen, lichtet man die Sträucher regelmäßig aus – allerdings erst nach der Blüte! Der Grund: Sie bilden ihre Knospen bereits an den Zweigen des letzten Sommers. Würde man sie im Winter auslichten, wäre die Blütenpracht im Frühling verloren. Kappen Sie alle zwei Jahre die jeweils ältesten Triebe direkt über dem Boden. Die Hälfte bis zu zwei Dritteln der Hauptäste sollten stehen bleiben und möglichst nicht eingekürzt werden. Nur wenn herausragende Äste das Wuchsbild des Strauchs stören, schneidet man sie ab.

Besenginster liebt leichte, sandige Böden und vollsonnige Standorte. Die Sträucher werden rund 2 m hoch. Ihre leuchtenden Schmetterlingsblüten locken viele Insekten an.

Ginster *Cytisus scoparius*

Infobox

Schnittziel:
Bildung neuer Triebe mit vielen Blütenknospen; vitale Sträucher
Schnittzeitpunkt:
Ende Mai bis Anfang Juni
Schnitthäufigkeit:
Jährlich

Mediterranes Flair im Frühsommer

Hellgelb strahlt von Mai bis Juni *C. scoparius* 'Luna', karminrot dagegen 'Roter Favorit' und zweifarbig die Sorte 'Andreanus Splendens' (siehe Bild links). Ginster lockt Bienen und Schmetterlinge in Massen an.
Ginster blüht an den vorjährigen Trieben. Deshalb kürzt man die vorjährigen Triebe erst nach der Blüte - Ende Mai bis Juni - unterhalb der verwelkten Blüte um ein bis zwei Drittel ein. Aber es muss noch junges Holz vorhanden sein. Dann bilden sich zahlreiche, neue kräftige Ruten, die im folgenden Jahr blühen, und die Sträucher bleiben kompakt und dicht. Die grünholzigen Jungtriebe lassen die Sträucher auch den Winter über grün leuchten, was sie zu vermeintlich Immergrünen macht. Außerdem hemmt man durch den jährlichen Schnitt die Samenbildung. Lässt man sie ungeschnitten, verkahlen die Sträucher an der Basis und werden staksig oder fallen auseinander.

EXTRA: Ein Verjüngungsschnitt ist nicht empfehlenswert: Ältere, längere Zeit nicht geschnittene Pflanzen lassen sich auch mit einem radikalen Schnitt nicht mehr verjüngen. Ersetzen Sie sie besser durch junge Exemplare.

Knallrote Ruten des Sibirischen Hartriegels sehen zu allen Jahreszeiten attraktiv aus - im Sommer kontrastreich zu grünen Blättern, im Winter – ohne Blätter – wie kecke Farbspritzer, ob mit oder ohne Schnee.

Hartriegel *Cornus alba*

Attraktiv durch rote Rinde – im Winter wie im Sommer

Das Besondere an diesem Hartriegel sind die kräftig rot gefärbten Jungtriebe. Bei jungen Sträucher werden deshalb jeden Winter radikal über dem Boden die Hälfte der Äste knapp über dem Boden gekappt. Dieses Auf-den-Stock-Setzen funktioniert allerdings nur bei jungen Exemplaren. Später sollte man behutsamer schneiden, um den Austrieb von kräftig gefärbten einjährigen Ruten zu fördern.

So gibt es beim Hartriegel je nach Alter der Gehölze zwei verschiedene Schnittregeln: Junge Exemplare werden jährlich von Februar bis März radikaler gestutzt. Später kürzen Sie die älteren Triebe jeweils bis zu einem kräftig entwickelten Jungtrieb ein. Schneiden Sie nur einzelne alte Triebe an der Basis ab.

Infobox

Schnittziel:
Kräftig rot gefärbte Jungruten
Schnittzeitpunkt:
Winter
Schnitthäufigkeit:
Jährlich

So üppig blühen Bauern-Hortensien nur an geschützten Plätzen in wintermilden Regionen. Wie der Name *Hydrangea* vermuten lässt, brauchen die Hortensien einen eher feuchten Boden und regelmäßig Wasser.

Bauern-Hortensie *Hydrangea macrophylla*

Sobald die Spätfröste vorbei sind, schneiden Sie die welken Blütenstände des Vorjahres über dem ersten kräftigen Knospenpaar ab.

Infobox

Schnittziel:
Kräftige Blütenknospen
Schnittzeitpunkt:
Nach den Spätfrösten Anfang Mai
Schnitthäufigkeit:
Jährlich

Barocke Blütenbälle

Damit Bauern-Hortensien ab August wochenlang prächtig blühen, muss man im Frühjahr die Schere ansetzen, und zwar unterhalb der verblühten Dolden des Vorjahres, aber oberhalb des letzten kräftigen Knospenpaares. Wer die Triebe tiefer abschneidet, verliert viel zu viele Blütenknospen. Denn diese bilden sich bei der Bauern-Hortensie bereits im Herbst des Vorjahres.

EXTRA: Die Blütenfarbe ist abhängig vom Boden und natürlich von der Sorte. Blaue Hortensien aber bekommt man nur, wenn der Boden sauer ist. Je kalkhaltiger der Boden, umso stärker verfärben sich die Kelchblätter in Rot- und Rosatöne.
Hortensien scheinen monatelang zu blühen. Der Grund: Was man sieht, sind nicht die winzigen Blüten-, sondern die gefärbten Kelchblätter, die auch nach der Blüte nicht abfallen.

Rispen-Hortensien begeistern mit langen, walzenförmigen Blütenrispen, die auch im Herbst noch dekorativ sind.
Kleines Bild: Die Schneeball-Hortensie 'Annabelle' mit ihren typischen handballgroßen Blüten.
Hortensien scheinen monatelang zu blühen. Der Grund: Was man sieht, sind nicht die Blüten- sondern die Kelchblätter, die auch nach der Blüte nicht abfallen. Die tatsächlichen Blüten in der Mitte sind winzig.

Rispen-Hortensie *Hydrangea paniculata*

Infobox

Schnittziel:
Viele Blüten
Schnittzeitpunkt:
Im April, nach dem Frost
Schnitthäufigkeit:
Jährlich

Prächtiger Sommerblüher voll Power

Diese Hortensienart blüht dann am besten, wenn ihre Triebe jährlich bis auf kurze Zapfen zurückgeschnitten werden. Die endgültige Höhe der Sträucher bestimmt man mit der Schärfe des Schnitts. Kürzt man nur die Seitentriebe auf kurze Zapfen ein, wächst die Rispen-Hortensie mit der Zeit zu einem 3 m hohen Exemplar heran. Lässt man dagegen jedes Jahr nur ein 40–50 cm hohes Grundgerüst stehen, bleiben die Sträucher relativ niedriger.

Schneeball-Hortensie
Hydrangea arborescens 'Annabelle'

Die Sorte 'Annabelle' begeistert mit handballgroßen, schneeweißen Blütenbällen. Für diese üppige Blüten braucht es standfeste, kräftige Triebe. Das erreicht man durch einen jährlichen, scharfen Rückschnitt, indem man die gesamten Sträucher eine handbreit über dem Boden (ca. 15–20 cm) kappt.

Attraktiv ist die Blut-Johannisbeere vor allem wegen ihrer bis zu 7 cm langen Blütentrauben. Die blau bereiften Beeren reifen im Juli, sind essbar, haben aber sehr wenig Aroma.

Blut-Johannisbeere *Ribes sanguineum*

Blutrotes Feuerwerk im Busch
Der robuste Blütenstrauch gehört zu den Klassikern der 70er-Jahre. Die bis zu 8 cm langen Blütentrauben (Sorte ‘King Edwards VII’) leuchten im April und Mai ganz häufig als Partner von gelben Forsythien. Da die Sträucher recht schnell vergreisen, muss man sie ständig auslichten, indem man alle vier bis fünf Jahre alte Gerüsttriebe direkt über dem Boden kappt. Die Besen der verbleibenden Gerüsttriebe werden oberhalb von jungen Seitentrieben gekappt.

EXTRA: Die Blut-Johannisbeere reagiert empfindlich auf große Wunden. Oft trocknet in Folge dessen der ganze Trieb bis zum Boden ein. Daher sollte man die Schere nur behutsam an die Gerüsttriebe ansetzen und auf allzu viel Einkürzen von Trieben verzichten.

Infobox

Schnittziel:
Üppige Blüte; vitale Sträucher; schöner Habitus
Schnittzeitpunkt:
Mai/Juni nach der Blüte
Schnitthäufigkeit:
Nach vier bis fünf Jahren jährlich

Kolkwitzien bieten zur Blütezeit einen wunderschönen Anblick (kleines Bild). An ihren Trieben drängeln sich die röhrenförmigen Einzelblüten zu Hunderten. Die 2–3 m hohen Sträucher werden auch Perlmuttstrauch genannt.

Kolkwitzie *Kolkwitzia amabilis*

Infobox

Schnittziel:
Üppige Blüte; vitale Sträucher; schöner Habitus

Schnittzeitpunkt:
Nach der Blüte im Sommer

Schnitthäufigkeit:
Nach vier bis fünf Jahren, dann alle zwei bis drei Jahre

Elegante Blütensträucher mit völliger Winterhärte

Die aus China stammenden Sträucher entfalten im Mai und Juni an überhängenden Zweigen traumhafte Blütenkaskaden. Die Sträucher sollte man nur vorsichtig auslichten; ein zu starker Eingriff würde den eleganten Habitus zerstören.

Entfernen Sie tote oder beschädigte Triebe. Die ältesten Zweige sollte man alle zwei bis drei Jahre an der Basis herausnehmen oder auf einen tieferen Seitentrieb zurückschneiden. Zusätzlich kürzt man alle zu langen, auf den Boden hängenden Triebe bis zur nächsten Seitenverzweigung ein. Dieser Auslichtungsschnitt reicht völlig aus.

Sehr wichtig ist allerdings der Zeitpunkt: Kolkwitzien werden nicht, wie häufig angenommen, im Winter geschnitten. Dabei würden viele Blütenanlagen verloren gehen und der Neuaustrieb wäre bis Mai so dicht, dass er die restlichen Blüten im Innern des Strauchs verdecken würde. Daher gilt: Im Sommer nach der Blüte schneiden!

EXTRA: Auch im Winter bietet die blattlose Kolkwitzie mit ihrer abfasernden Rinde und ihrem malerischen Wuchs einen reizvollen Anblick - toll im Vorgarten und an der Terrasse. Kolkwitzien gedeihen in voller Sonne, im Halbschatten und kommen sogar noch im vollen Schatten zurecht.

Ohne Schnitt würde die Kugelrobinie *(Robinia pseudoacacia* 'Umbraculifera') eine 400–500 cm breite Krone entwickeln, man kann sie aber auf jede beliebig kleinere Größe reduzieren.

Kugelbäume *Acer, Robinia* u.a.

Beim Stutzen setzt man die Schere so an, dass sich eine Halbkugel bildet.

Infobox

Schnittziel:
Kompakte Kugelkronen
Schnittzeitpunkt:
Trompetenbaum, Ahorn im Januar; Robinie im März
Schnitthäufigkeit:
Alle zwei bis drei Jahre; jährlich leicht stutzen

Akkurate Wächter vor dem Tore

Dichte und standfeste Kugelkronen als Paar vor dem Eingang – das macht was her. Stärke und Häufigkeit des Rückschnitts richten sich nach der Art, der gewünschten Kronengröße und dem Platzangebot: Ob **Kugelahorn** (*Acer platanoides* 'Globosum') oder **Kugelrobinie** (*Robinia pseudoacacia* 'Umbraculifera'); die Faustregel besagt: Besser alle drei bis fünf Jahre stark schneiden als jedes Jahr ein bisschen. Kappen Sie die Zweige beim starken Rückschnitt auf 20–40 cm oberhalb der Veredelungsstelle. In den Jahren dazwischen genügt es, die Triebe leicht einzukürzen. Nur Kronen, die nicht größer als 1,50 m werden dürfen, müssen jährlich gestutzt werden. Der Zeitpunkt variiert: Robinien schneidet man im März, Ahorn schon im Januar. Kugelahorn treibt bereits im Februar die ersten Knospen und würde bei einem späteren Schnittzeitpunkt aus den Wunden »bluten«.

EXTRA: Kugelrund bleibt die **Kugel-Steppenkirsche** *(Prunus fruticosa* 'Globosa') ohne jegliches Stutzen. Auch der **Trompetenbaum** *(Catalpa bignonioides)* und der **Rotdorn** *(Crataegus monogyna)* bilden natürlicherweise kompakte, nahezu runde Kronen.

Damit der Echte Lavendel *(Lavandula angustifolia)* zu solch harmonischen Halbkugeln wächst, braucht er eine trockene, sonnige Lage und einen regelmäßigen Rückschnitt zum richtigen Zeitpunkt.

Lavendel *Lavandula angustifolia*

Wichtig: Setzen Sie die Schere direkt über oder ein bis zwei Blätter unter dem ersten Laubkranz an.

Infobox

Schnittziel:
Kompakte, vitale Sträucher
Schnittzeitpunkt:
Frühjahr und nach der Blüte
Schnitthäufigkeit:
Zweimal jährlich

Malerischer Gruß aus der Provence

Duftender Lavendel ist der Inbegriff von Sonne, Meer und Südfrankreich. Damit die mediterranen Pflanzen bei uns auch kompakt bleiben, ist ein Rückschnitt unverzichtbar. Von Anfang an regelmäßig gestutzt, bleiben die immergrünen Sträucher kompakt und vital. Da viele glauben, Lavendel müsse um ein Drittel oder 20 cm zurückgeschnitten werden, warten sie, bis die Büsche 60 cm oder höher sind. Dann ist es aber zu spät, denn die Verholzung und damit die Alterung sind bereits unumkehrbar erfolgt. Das regelmäßige Stutzen von Anfang an entscheidet darüber, ob die Sträucher im Alter von innen verkahlen und auseinanderfallen.
Man kappt nach der Blüte die alten Blütenähren und schafft so Platz für neue Triebe. Dabei sollte man die Schere direkt über oder ein bis zwei Blattpaare unter dem Laubkranz ansetzen. Nicht tiefer! Im nächsten Frühjahr werden dann die Triebe wieder gestutzt, oder um etwa ein Drittel zurückgeschnitten. Je später Sie das tun, umso später und länger blüht der Lavendel. Auf keinen Fall aber darf man ins alte Holz schneiden. Das nimmt der Lavendel sehr übel – er kann an einem zu tiefen Schnitt durchaus eingehen!

Das immergrüne Allround-Gehölz findet in modernen Gärten viel Anklang. Mit seinen glänzend-grünen, großen Blättern schützt die Lorbeerkirsche auch im Winter vor ungewünschten Blicken. Die weißen Blütenkerzen verströmen angenehmen Duft.

Lorbeerkirsche *Prunus laurocerasus*

Mit der Handschere lassen sich durchtrennte Blätter vermeiden. So entstehen keine Trockenränder.

Immergrünes Laubgehölz

Da die Lorbeerkirsche (auch **Kirschlorbeer** genannt) über den Winter ihr Laub behält, ist sie als ganzjähriger Sichtschutz geeignet. Es genügt, sie alle fünf bis sechs Jahre vorsichtig auszulichten. Dabei entfernt man altes, totes und krankes Holz an der Stammbasis und solche Äste, die ins Innere des Strauches wachsen. Ragen überlange einzelne Triebe aus dem Strauch heraus, kann man diese bis auf einen Seitentrieb zurückschneiden. So fördert man die Vitalität der Immergrünen, denn die Lorbeerkirsche reagiert auf einen Rückschnitt mit starkem Neuaustrieb von jungen, kräftigen Zweigen. Den Umfang von zu ausladenden Exemplaren kann man im Frühjahr reduzieren. Dabei sollte man einen 1 cm langen Zapfen stehen lassen. Diese Zapfen fördern den Neuaustrieb, da rund um den Triebansatz schlafende Augen sitzen, die durch den Rückschnitt geweckt wurden.

Infobox

Schnittziel:
Dichte Verzweigung
Schnittzeitpunkt:
März/April
Schnitthäufigkeit:
Alle fünf bis sechs Jahre

Auffällige, gefüllte, röschenartige Blüten machen dieses Stämmchen zum Blickfang im April und Mai – Mandelbäumchen sind ideal für Vorgärten oder dicht an der Terrasse.

Mandelbäumchen *Prunus triloba, Prunus tenella*

Lieblicher Frühlingstraum in Rosarot

Damit diese beliebten rosa blühenden Hochstämmchen jedes Jahr kräftig blühen und eine formschöne Krone behalten, werden sie stark zurückgeschnitten. Man kürzt ihre Triebe jedes Jahr direkt nach der Blüte auf 10–20 cm Trieblänge ein. Dünne Zweige werden ganz entfernt. Zurück bleibt ein faustgroßes Kraut. Diese Schnittregel gilt auch für Sträucher, die als Buschbäumchen gezogen werden, also ohne Stamm.

EXTRA: Damit bekämpft man außerdem auch die leider sehr häufige Infektion durch die Spitzendürre *(Monilia)*. Denn mit dem Radikalschnitt werden auch die Zweige entfernt, die zur Blütezeit von der gefürchteten Pilzkrankheit infiziert wurden. Kranke Triebe nicht auf den Kompost sondern in die Tonne.

Infobox

Schnittziel:
Üppige Blüte
Schnittzeitpunkt:
April/Mai nach der Blüte
Schnitthäufigkeit:
Jährlich

Ohne Schnitt wächst der Perückenstrauch zu einem, 2–3 m hohen Strauch heran, der vor allem durch seine fedrigen Fruchtstände im Spätsommer Furore macht – auch bei Floristen als Vasenschmuck.

Perückenstrauch *Cotinus coggygria* 'Royal Purple'

Infobox

Schnittziel:
Einjährige Ruten mit intensiv gefärbten Blättern
Schnittzeitpunkt:
Februar/März
Schnitthäufigkeit:
Jährlich

Blutroter Blattschmuck

Seine dunkelroten Blätter und die Früchte – sie sind von fein behaarten Stielen umgeben, die an wirre Spinnfäden erinnern – machen dieses Gehölz zu einer auffälligen Erscheinung. Ungeschnitten wächst der Perückenstrauch zu einem stattlichen, bizarr geformten Solitär. Für kleine Gärten lässt er sich problemlos in seinen Dimensionen begrenzen. Wer den Strauch jedes Jahr im Spätwinter radikal stutzt, erlebt den Austrieb von zahlreichen Ruten mit kräftig gefärbten, weinroten Blättern. Bei dieser resoluten Methode kommt der Strauch jedoch meist nicht zur Blüte – doch auch die dunkelroten Blätter sind Zierde genug.

EXTRA:
In England wird der rotlaubige Perückenstrauch gerne als dekoratives Element in gemischten Staudenrabatten eingesetzt.

Im Mai und Juni zeigt sich der bis 3 m hoch werdende Bauernjasmin mit einer rahmweißen, duftenden Blütenpracht. Der Zwerg-Bauernjasmin ‘Belle Étoile’ (kleines Bild) wird nur 1,50 m hoch.

Pfeifenstrauch, Bauernjasmin *Philadelphus coronarius*

Infobox

Schnittziel:
Üppige Blüte; vitale Sträucher; schöner Habitus

Schnittzeitpunkt:
Dezember bis März

Schnitthäufigkeit:
Erstmalig nach vier bis fünf Jahren, dann alle zwei bis drei Jahre

Ein Hauch von Hochzeitsstimmung

Die vielen weißen Blüten des Pfeifenstrauchs erinnern tatsächlich an prächtig weiße Kleider. Damit diese Blütenpracht mit ihrem süßen Duft auch nach vier oder fünf Jahren noch so üppig ist und vor allem nicht nur in unerreichbaren Höhen stattfindet, setzt man von Dezember bis März die Schere an. Entfernen Sie altes, krankes und totes Holz. Darüber hinaus sollte man beim Pfeifenstrauch vorsichtig sein, da unsachgemäß geschnittene Sträucher zu besenartigem Wuchs neigen. Am sichersten verfahren Sie, wenn sie alle zwei bis drei Jahre etwa ein Drittel der Haupttriebe ganz kappen oder bis auf einen im Bogen stehenden Trieb zurückschneiden. Dabei wählt man nur die ältesten Triebe, die an der meist gefurchten, rissigen, braunen Rinde gut zu erkennen sind. Dieser Auslichtungsschnitt dient dem Verjüngen der Sträucher, beugt einem Vergreisen und damit schwächeren Blüte vor.

Zierquitten werden maximal 2,50 m hoch, aber auch genauso breit. Ihr dorniges Gestrüpp trägt im Frühjahr dunkel- oder karmesinrote Blüten, im Herbst leuchten quittengelbe kleine Früchte.

Zierquitte *Chaenomeles japonica*

Infobox

Schnittziel:
Üppige Blüte; vitale Sträucher; schöner Habitus
Schnittzeitpunkt:
Ende April/Anfang Mai nach der Blüte
Schnitthäufigkeit:
Jährlich

Sparriges Zierobst mit Glamour

Die fast stacheligen Astgewirre der Zierquitte machen im Staudenbeet keine Freude. Ihr Platz ist im Vorgarten oder gebändigt an einem Spalier. Die roten Blüten leuchten im Frühjahr – oft zusammen mit Forsythien. Die dekorativen Früchte färben sich im Herbst quittengelb und leuchten im Winter bei Schnee. Sie ergeben köstliche Fruchtgelees. Entfernen Sie jedes Jahr Ende April bis Anfang Mai nach der Blüte einige Zweige von den Hauptästen, an denen sich allzu viele Verzweigungen gebildet haben – vor allem jene, die ins Innere des Strauchs wachsen sowie abgestorbene und schwache Triebe. Lassen Sie jedoch die Zweige, die Blüten getragen haben, an der Pflanze, damit Sie Freude an den Früchten haben können.

EXTRA: Am Spalier ist es wichtig, möglichst viele junge seitliche Triebe fächerförmig erziehen und wachsen zu lassen und die sparrigen Äste möglichst flach ans Spalier zu binden. Nach vorne bzw. außen ragende Zweige werden auf fünf Blattansätze gekappt. Damit das Spalier schön dicht wird, kappt man die Triebe Ende des Sommers ein zweites Mal, dann auf nur drei Blattansätze.

Dutzende von goldgelben Wattebäuschen drängeln sich an den grasgrünen Trieben der Kerrie – ein robuster Strauch, der bis zu 3 m hoch werden kann und ebenso breit. Hier die Sorte 'Pleniflora' mit gefüllten Blüten.

Ranunkelstrauch, Kerrie *Kerria japonica*

Infobox

Schnittziel:
Üppige Blüte; vitale Sträucher; schöner Habitus
Schnittzeitpunkt:
Dezember bis März; starkes Verjüngen nach der Blüte
Schnitthäufigkeit:
Nach vier bis fünf Jahren jährlich

Gelbes Blütenwunder mit Wuchskraft

Der reichblühende Strauch ist neben der Blütenpracht auch wegen seiner unkomplizierten Pflege beliebt. Im Frühjahr vor dem Austrieb werden die abgetragenen dreijährigen Triebe an der Basis entfernt. Die vorjährigen und die zweijährigen Triebe blühen im Frühjahr und bleiben deshalb ungeschnitten. Außerdem schneidet man alle braunen, eingetrockneten Triebe oder Triebstücke ab, und zwar bis zu einem jungen, kräftigen Seitentrieb.

Wer alte Kerrien stark verjüngen möchte, sollte nach der Blüte nahezu alle Triebe bis auf die jüngsten Triebe mit diesjährigem Zuwachs über dem Boden kappen.

Im Gegensatz zu den immergrünen, nur selten duftenden Rhododendren verführen die sommergrünen Azaleen wie Knap-Hill- oder Genter-Hybriden nicht nur mit schillernden Farben, sondern auch mit intensiven Düften.

Rhododendron *Rhododendron*-Arten und -Sorten

Rhododendron verjüngen: Nach dem Schnitt bleiben die eingekürzten Haupttriebe mit kurzen Seitentrieben, an denen bald wieder neue Blätter austreiben.

Infobox

Schnittziel:
Starker Neuaustrieb; vitale Sträucher
Schnittzeitpunkt:
Mai
Schnitthäufigkeit:
Bei Bedarf

Alte Sträucher verjüngen

Im Prinzip werden die Immergrünen überhaupt nicht geschnitten. An einem halbschattigen Standort auf saurem Boden werden die Büsche viele Jahre alt und bleiben meist sehr vital. Sollten Rhododendren mit der Zeit von innen verkahlen und nicht mehr schön aussehen, kann man sie aber verjüngen. Dafür ist das späte Frühjahr nach der Blüte ideal.
Man kürzt alle Haupttriebe auf ein Grundgerüst ein. Dazu muss man allerdings eine kräftige Astschere zur Hand nehmen - das Holz der dicken Äste ist ziemlich hart. Nach dem Rückschnitt wird sich die Pflanze wieder komplett neu aufbauen. Im Folgejahr fällt die Blüte allerdings aus, in den Jahren danach wird sie aber wieder üppiger.

EXTRA: **Sommergrüne Azaleen** vertragen einen vorsichtigen Rückschnitt gut, wenn sie mit der Zeit zu groß oder zu breit geworden sind. Setzen Sie die Schere dafür direkt nach der Blüte an, dann können sich noch neue Blütentriebe bilden.

Ein Klassiker unter den Sommerfliedern: die rosafarbene 'Pink Delight' mit großen Blütenzylindern. In der Mixed Border, der gemischten Staudenrabatte mit Sommerblumen, gilt der Sommerflieder als bewährter Gerüstbildner.

Schmetterlingsstrauch, Sommerflieder *Buddleja davidii*

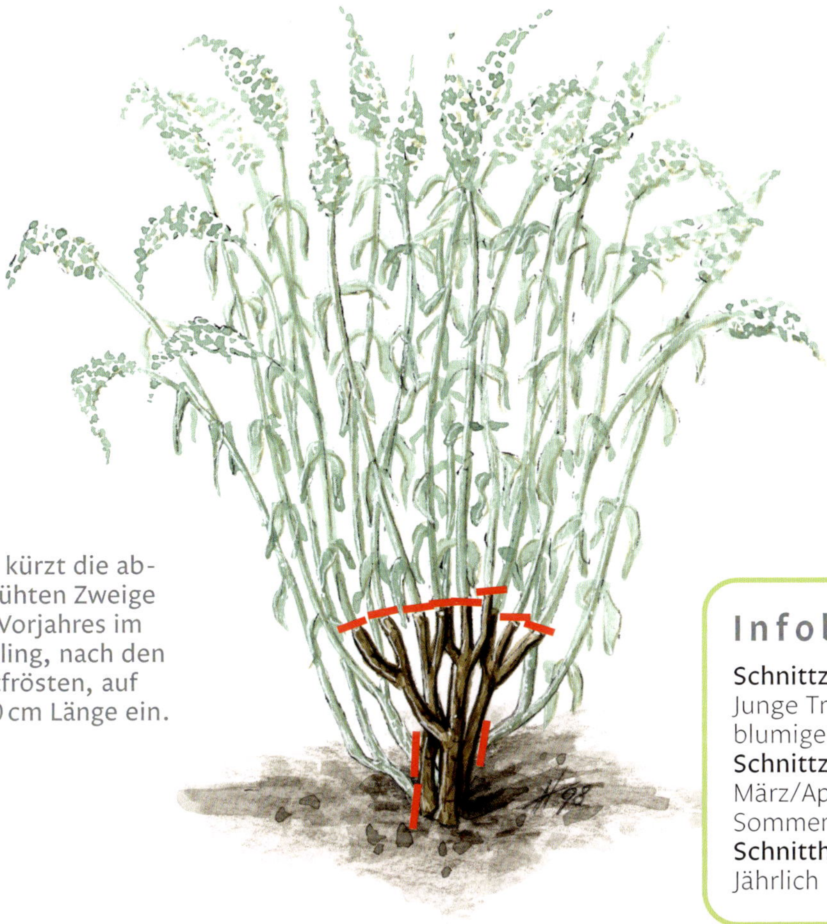

Man kürzt die abgeblühten Zweige des Vorjahres im Frühling, nach den Spätfrösten, auf 5–10 cm Länge ein.

Infobox

Schnittziel:
Junge Triebe mit großblumigen Rispen
Schnittzeitpunkt:
März/April und im Sommer nach der Blüte
Schnitthäufigkeit:
Jährlich

Blütenmagnete für Falter

Kein anderer Strauch zieht Admirale, Pfauenaugen und Braune Bären so zuverlässig an wie der Schmetterlingsstrauch, auch Sommerflieder genannt. Schmetterlingssträucher blühen an jungen Trieben, die im Frühjahr vor der Blüte sprießen, wobei die Anzahl der jungen Triebe am Strauch die Anzahl und die Größe der Rispen bestimmt. Der Strauch verträgt einen radikalen tiefen Schnitt im Frühjahr. Man kann aber auch einige gerüstbildende Äste stehen lassen.

Einige Sorten des Schmetterlingsstrauchs setzen nach der Blüte Samen an. Dazu gehört etwa die weiße Sorte ‘Peace’. Die braunen Fruchtstände sehen nicht nur hässlich aus, sie entziehen der Pflanze auch die Kraft für weitere Blüten im Laufe des Sommers. Schneiden Sie deshalb die verblühten Rispen oberhalb der neuen, blühwilligen Seitentriebe ab. Meist kann man an deren Spitzen bereits kleine Blütenansätze erkennen. Auf diese Weise lässt sich die Blütezeit des Sommerflieders bis zum Herbst hin ausdehnen.

Bis zu 3 m hoch wird der Gefüllte Schneeball. Er lässt sich aber auch problemlos »auf-den-Stock-setzen«. Dazu kappt man ihn einfach ca. 30 cm über dem Boden – dann bleibt er kleiner, entwickelt sich schön buschig, blüht aber erst ein Jahr später.

Gefüllter Schneeball *Viburnum opulus* 'Roseum'

Infobox

Schnittziel:
Üppige Blüte; vitale Sträucher; schöner Habitus
Schnittzeitpunkt:
Mai/Juni nach der Blüte
Schnitthäufigkeit:
Jährlich

Barocker Blütenflor am Strauch

Die weißen Blütenbälle der Sorte 'Roseum' des heimischen Gemeinen Schneeballs gab der Gattung ihren deutschen Namen. Die Blüten leuchten erst grünlich, dann schneeweiß und im Verblühen rosa. Sie sind steril. Deshalb trägt diese Sorte im Gegensatz zur Art keine roten Früchte. Bei allen sommergrünen Schneeball-Arten – neben *V. opulus* auch *V. carlesii, V. farreri* und *Viburnum × bodnantense* – werden nach der Blüte die Triebspitzen leicht ausgelichtet. Verblühte Triebbesen werden auf schräg nach außen wachsende Jungtriebe umgeleitet, also oberhalb einer nach außen zeigenden Knospe oder eines nach außen wachsenden Triebs abgeschnitten. Vergreiste Triebe werden am Boden gekappt.

EXTRA: Immergrüne Arten wie *Viburnum × burkwoodii* werden nicht geschnitten.

Spiersträucher wie die Rote Sommerspiere machen das Gärtnern einfach: Sie sind frosthart, vertragen radikalen Schnitt und blühen monatelang. Bietet man ihnen einen nährstoffreichen Boden, bereiten die Blütensträucher pure Freude.

Spierstrauch *Spiraea japonica*

Der Spierstrauch wird im Frühjahr vor dem Austrieb auf ein niedriges Gerüst zurückgeschnitten.

Infobox

Schnittziel:
Kompakte Sträucher; üppige Blüte
Schnittzeitpunkt:
März oder im Spätsommer
Schnitthäufigkeit:
Jährlich oder alle zwei bis drei Jahre

Sommerblüher in Rot und Rosa

Ob Einsteiger oder Gartenprofi – 'Anthony Waterer' ist allen ein Begriff. Dieser **Rote Sommerspiere** genannte Spierstrauch zählt zu den bekannten Sorten der *Spiraea japonica*. Im Handel findet man sie noch häufig als *S.* × *bumalda*. Für alle Sommerspieren gilt: ein scharfer Rückschnitt sorgt für kompakte Pflanzen. Dazu werden im Frühjahr vor dem Austrieb alle Triebe bodennah entfernt. Wem das zu rigoros ist, der kann die Radikalkur auch alle zwei bis drei Jahre durchführen und dazwischen nur einen Teil der Triebe bodennah kappen. Bei schwach wachsenden Sorten besser nur im Spätsommer die abgeblühten Blütenstände entfernen. Schnittmaßnahmen im kommenden Frühjahr sind dann überflüssig. Das jährliche Kappen aller Triebe empfiehlt sich auch für Sorten mit farbigem Laubaustrieb wie 'Golden Princess' oder 'Firelight'.

Im Frühling blühende Spiersträucher

Spiraea × arguta, S. thunbergii, Spiraea × vanhouttei

Bei allen früh blühenden Spiersträuchern kann man unmittelbar nach der Blüte die abgeblühten Zweige bis zum nächsten Jungtrieb abnehmen. Besser ist es jedoch, die jeweils ältesten Äste am Boden zu kappen, um so den Strauch laufend zu verjüngen.

Die Harlekin-Weide kommt mit allen Böden zurecht und ist frosthart. Die Höhe der Weide ist durch die bei der Veredelung gewählte Stammhöhe fixiert. Nur der Kopf der Weide wird immer größer und der Stamm immer dicker.

Zier-Weide, Harlekin-Weide *Salix integra* 'Hakuro Nishiki'

Infobox

Schnittziel:
Einjährige Ruten mit intensiv gefärbtem Laub
Schnittzeitpunkt:
Februar/März
Schnitthäufigkeit:
Jährlich

Schillernde Japanerin

Die weißbuntblättrige Zier-Weide 'Hakuro Nishiki' erfreut sich bei uns als Hochstämmchen in Vorgärten sehr großer Beliebtheit. Ihre dünnen, fein beblätterten Triebe bilden ebenmäßige, elegante Kronen. Für dieses tadellose Auftreten braucht die Japanerin allerdings jedes Jahr einen scharfen Rückschnitt. Deshalb werden die bleistiftstarken Zweige – wie bei allen Weidenstämmchen, bei denen das buntblättrige Laub den Zierwert ausmacht – jedes Jahr bereits vor dem Austrieb im Februar oder März auf 5 cm Länge eingekürzt. Übrig bleibt eine kleine Krone mit dem Durchmesser eines Handballs.

Hängekätzchen-Weide
Salix caprea 'Pendula'

Weidenstämmchen mit zierenden Blüten und hängenden Zweigen wie die Hängekätzchen-Weide (*Salix caprea* 'Pendula') werden erst nach dem Abblühen im Lauf des Aprils stark gekürzt. Zurück bleibt ebenfalls nur ein handballgroßer Knauf an kurzen Trieben. So verhindern Sie auch, dass die langen Triebe auf den Boden wachsen und dort Wurzeln schlagen.

Typisch für die 2 m hohe Weigelie 'Styriaca' ist der Farbwechsel während der Blütezeit: Die trichterförmigen Blüten leuchten im Aufblühen rosa, später eher dunkelrosa. Eindrucksvoll sind auch die bogig überhängenden Zweige.

Weigelie *Weigela*-Hybriden

Alle abgeblühten Triebe auf tiefer liegende, kräftige Jungtriebe zurücknehmen.

Die ältesten Triebe im Frühjahr vor dem Austrieb direkt über dem Boden entfernen.

Infobox

Schnittziel:
Üppige Blüte; vitale Sträucher; schöner Habitus
Schnittzeitpunkt:
Februar/März und nach der Blüte im Hochsommer
Schnitthäufigkeit:
Jährlich

Zuverlässiger Blütenstrauch

Die genügsamen Hybriden wachsen auf jedem Gartenboden und ziehen sonnige Standorte vor. Sie werden fast alle rund 2 m hoch und viele Jahre alt. Weigelien entwickeln ihre Blüten an den kurzen Seitentrieben des Vorjahres. Die Größe der Blüten ist je nach Sorte zum Teil beachtlich. Das Farbspektrum reicht von Rubinrot über Kaminrot und Rosa hin zu Weiß, sehr selten Gelb.

Man muss sie nur wenig kappen. Der Schnitt beschränkt sich darauf, die ältesten Triebe zu entfernen. Am besten setzt man im Frühjahr vor dem Austrieb die Astschere direkt über dem Boden an. Außerdem kann man an jungen Sträuchern alle abgeblühten Triebe bis auf tiefer liegende, kräftige Jungtriebe zurücknehmen. Aber aufgepasst: Ein zu radikaler Schnitt regt die Bildung von vielen Jungtrieben an, die dann bald auseinander fallen.

PRAXIS – Sträucher & Bäume schneiden

Astschnitt

Dicke Äste trennt man mit einem fast senkrecht zum Ast verlaufenden Schnitt ab. Die ideale Schnittfläche ist fast rund. Am Stamm bleibt ein Astkragen zurück. Legen Sie dafür die Säge in den Astwinkel und führen Sie sie nicht unmittelbar am Stamm entlang, sondern rechtwinkelig zum Ast. Die Wunden werden mit einem Messer nachgeschnitten. Damit keine Pilzsporen in die Wunde eindringen können, schützt man sie mit einem Wundverschlussmittel. Bei Laubbäumen bestreichen Sie nur die Ränder, nicht die ganze Schnittfläche. Bei Obstbäumen behandelt man die Wunde komplett. Wenn der Baum die Wunde mit einem Rindenwulst die Wunde von außen nach innen geschlossen hat, ist sie gut verheilt.

Dicke Äste sägt man erst von unten, dann von oben ab. Anschließend die Wunden verstreichen.

Schnittführung bei Trieben und Zweigen

So wie bei den Rosen gilt auch für alle Gehölze – und auch für Stauden und Kletterpflanzen – folgende Schnittführung: Schneiden Sie alle Triebe **etwa 5 mm über einer Knospe und schräg** ab. Damit die Wunde so klein wie möglich bleibt, darf die Schere aber nicht zu schräg angesetzt werden.
Achten Sie auf die Schärfe der Scherblätter! Stumpfes Werkzeug verursacht abgequetschte, verletzte Schnittstellen – also Eintrittspforten für Krankheitserreger par excellence.
Lassen Sie **keine Triebstummel**, so genannte **Kleiderhaken**, stehen. Gemeint sind Triebstücke ohne Knospen, also Endstücke oberhalb der letzten Knospe. Denn das sind ebenfalls stark gefährdete Pflanzenteile für Krankheiten und Pilze. Nur die Knospe darunter wird mit Wasser und Nährstoffen versorgt, nicht der Stummel darüber!
Das gilt auch für den so genannten **Zapfenschnitt**, der bei einigen Gehölzen empfohlen wird. Der Zapfen ist ein kurzes Stück Seitentrieb mit Knospen, der – wie oben beschrieben – 5 mm über einer Knospe schräg abgeschnitten wurde.

Scharfe Schnitte: Auf den Stock setzen

Einige Gehölze lassen sich jedes Jahr extrem stutzen und reagieren mit enormer Vitalität. Viele kennen vielleicht die jeden Winter zu

Stummeln geschnittenen Platanen rund ums Mittelmeer. Diese Laubbäume bilden jedes Jahr wieder mit imposanter Kraft neue, lange, gerade Triebe mit großen Blättern aus.
Im Hausgarten wird diese Methode **bei buntblättrigen Gehölzen** wie dem Flamingo-Ahorn *(Acer negundo* 'Flamingo'), **bei buntrindigen Sträuchern** wie dem Sibirischen Hartriegel (*Cornus alba* 'Sibirica') oder **bei großblättrigen Arten** wie Paulownie *(Paulownia tomentosa)* angewandt. Ebenfalls wegen der Blattgröße kappt man den Götterbaum *(Ailanthus altissima)* und wegen der Blattfärbung den Perückenstrauch *(Cotinus coggygria)* - intensiv weinrot gefärbte Blätter - sowie die Zier-Weide (silbriges Laub).
Dazu werden jedes Jahr während der Vegetationsruhe die Triebe bis zum Boden zurückgeschnitten. Bei Hochstämmchen wie der bunten Harlekin-Weide kürzt man nicht bis zum Boden, sondern bis zur Veredelungsstelle. Da das Gehölz seine vollen Wurzeln behält, treibt es mit voller Kraft neue Triebe - diese sind jung, kräftig und oft schön gefärbt; die Blätter werden größer, intensiver gefärbt und dekorativer.
Aber Vorsicht, nicht alle Gehölze vertragen diesen radikalen Rückschnitt!

Vorsicht: Wildtriebe und Wurzelausläufer

Einige Gehölze, wie Zierstämmchen, Edel-Flieder, Korkenzieher-Hasel oder Fächer-Ahorn, sind auf so genannte **Wildlinge** veredelt. Das heißt, sie wachsen nicht auf den eigenen Wurzeln, sondern auf denen einer starkwüchsigen Wildart - der so genannten **Unterlage**. Manchmal kommt es vor, dass diese Unterlage durchtreibt und an der ver-

Grüne Blätter hat der Wildling, bunt gezeichnet die veredelten Blätter.

edelten Sorte vorbei ihre kräftigen Wildtriebe nach oben ans Licht schiebt. Auch bei den Stämmen von Zier-Weiden kann man dies beobachten. Dort sprießen die Wildtriebe allerdings aus dem Stämmchen.
Wildtriebe rauben der Edelpflanze wertvolle Nährstoffe, Licht und Platz und verdrängen ohne Eingriff des Menschen die veredelte Sorte meist ganz. Deshalb sollte man sie möglichst frühzeitig entfernen. Dazu werden sie an der Ansatzstelle abgerissen oder mit einem scharfen Messer entfernt. Es nützt nicht viel, wenn man sie mit der Schere abschneidet. Rund um die Ansatzstelle des Triebs schlummern **schlafende Augen**, die dann sofort im Dutzend austreiben. Bei sehr tief sitzenden Veredelungsstellen sprießen die Wildtriebe oft aus dem Boden. Dann gräbt man sie frei und reißt sie am besten an der Wurzel aus.
Aber **auch unveredelte Gehölze** mit großer Wuchskraft schieben aus den Wurzeln manchmal Wurzelausläufer - das trifft für den Ranunkelstrauch, den normalen Flieder und andere wuchernde Ziersträucher zu. Auch für diese Wurzelschösslinge gilt: Mit dem Spaten tief in der Erde abstechen. Oberirdisches Kappen bringt nicht viel, sondern regt eher zum Wachstum an.

Rosen

Ob Beetrose, Teehybride, Strauch- oder Kletterrose, ob jung oder alt, einmal- oder öfterblühend – es gibt für jede Rosengruppe eine Schnittregel. Man muss nur wissen, zu welcher Gruppe die Rosen gehören. In Sachen Frühjahrsschnitt gilt für alle ein Zeitpunkt: sobald die Forsythien blühen.

Ob in Staudenbeeten als Gruppe, im Vorgarten oder auch in klassischen Rosenbeeten, Beetrosen glänzen durch ihre Vielseitigkeit. Wählen Sie robuste und bewährte Sorten wie 'Amber Queen', 'Bonica '82', 'Domstadt Fulda', 'Friesia', 'Goldmarie '82', 'Heidetraum', 'Margaret Merril', 'Ricarda', 'Rumba', 'Schneeflocke', 'Travemünde', 'Vicky', 'Weißer Engel'.

Beetrosen

Frühjahrsschnitt:
Die Faustregel für den Rosenschnitt besagt, dass man pro Trieb etwa drei bis fünf Knospen stehen lässt. Schwache, dünne Triebe werden stärker zurückgeschnitten als dicke.

Sommerschnitt:
Triebe oberhalb des ersten fünffach gefiederten Blattes kappen.

Infobox

Schnittziel:
Viele Blüten; vitale und widerstandsfähige Rosenstöcke
Schnittzeitpunkt:
März/April und Juli
Schnitthäufigkeit:
Zweimal im Jahr

Die Allrounder

Zu dieser großen Rosengruppe zählen alle öfterblühenden Gartenrosen bis zu einer Höhe von ca. 80 cm. Von früher her sehr bekannt sind die Bezeichnungen Polyantharosen – eher niedrig wachsende Rosenstöcke mit kleineren Blüten in ganzen Büscheln – und »Floribundarose« mit größeren Blüten, die aber ebenfalls zu mehreren zusammenstehen.

Frühjahrsschnitt: Im März oder April, sobald die Forsythien voll erblühen, setzt man die Schere an. Man sollte immer altes und abgestorbenes Holz sowie Zweige, die nach innen wachsen, entfernen. Die übrigen Triebe werden auf circa 20–40 cm Länge eingekürzt. Bei stark wachsenden Sorten lässt man sechs bis acht Augen pro Trieb stehen, bei langsam wachsenden nur drei bis fünf. Die Schere muss man jeweils oberhalb einer nach außen wachsenden Knospe ansetzen (siehe dazu auch PRAXIS Seite 90/91).

Sommerschnitt: Schneiden Sie verblühte Triebe regelmäßig bis zum ersten fünffach gefiederten Blatt zurück. Bei büschelblütigen Rosen entfernt man nicht nur die einzelne verwelkte Blüte, sondern mit einem Schnitt das ganze Blütenbüschel. Aus den Blattachseln wächst dann innerhalb weniger Wochen wieder ein kräftiger Blütentrieb mit vielen Einzelblüten.

Wegen ihrer großen, edlen Blüten galten sie lange Zeit als die einzig wahren Rosen. Die Edelrose 'Whisky' (Bild) trägt ihre gefüllten Blüten auf 60 cm hohen, aufrechten Stielen. Weitere beliebte Edelrosen sind:
'Aachener Dom', 'Banzai '83', 'Baronne de Rothschild', 'Berolina', 'Blue River', 'Burgund '81', 'Charles de Gaulle', 'Duftwolke', 'Erotika', 'Gloria Dei', 'Herzog von Windsor', 'Hidalgo', 'Königin der Rosen', 'Marco Polo', 'Pascali', 'Rebecca', 'Whisky'.

Edelrosen

Infobox

Schnittziel:
Viele große Blüten auf standfesten Trieben; Luft und Licht im Inneren des Rosenstocks

Schnittzeitpunkt:
Frühjahr und Sommer

Schnitthäufigkeit:
Mehrmals im Jahr

Bühne frei für die Diven

Edelrosen tragen eine große Blüte am Ende jedes Triebs. Dafür brauchen sie dicke, standfeste Stiele. Zu schwache Zweige würden sich unter der Last der schweren Blüten nach unten neigen. Edelrosen als Pflanzen haben oft unschöne, steife, staksige Triebe, die im unteren Drittel völlig nackt dastehen. Das lässt sich durch einkürzen regulieren.

Frühjahrsschnitt: Man lässt nur starke Triebe stehen – schwache werden gekappt – und kürzt sie auf sechs bis acht Augen ein. So bekommt man einen starken Neuaustrieb von standfesten, langen Stielen mit großen, kräftigen Blüten. Schneiden Sie jeweils schräg über einer Knospe, die nach außen wächst. So vermeiden Sie, dass sich Triebe später kreuzen und aneinander reiben. Nach innen wachsende Triebe werden komplett entfernt – ebenso wie krankes, vertrocknetes und totes Holz.

Sommerschnitt: Man kappt regelmäßig alle verblühten Triebe über dem ersten, voll ausgebildeten Laubblatt. Wer regelmäßig Rosen für die Vase schneidet, verfährt nach dem gleichen Prinzip.

EXTRA: Die Faustregel für die Edelrosen besagt: Je stärker der Rückschnitt, desto weniger, aber schönere und größere Blüten entwickeln sich.

Viele einmalblühende Strauchrosen zählen zur Gruppe der »Alten Rosen«. Die Vielfalt ist groß und es gibt unendlich viele Schönheiten wie die hier gezeigte Bourbon-Rose ‘Boule de Neige’. Weitere schöne Sorten sind:
Bourbon-Rosen: ‘Louise Odier’
Damaszener-Rosen: ‘Madame Hardy’
Alba-Rosen: ‘Belle Amour’, ‘Great Maidens Blush’
Moos-Rosen: *Rosa × centifolia* ‘Muscosa’
Gallica-Rosen: ‘Cardinal de Richelieu’, ‘Charles de Mills’, ‘Officinalis’, ‘Versicolor’.

Einmalblühende Strauchrosen

Nach drei bis vier Jahren ist es Zeit zum Auslichten. Dazu werden die ältesten Triebe bodennah gekappt und die Seitentriebe bis auf 5–15 cm kurze Stummel entlang der Haupttriebe eingekürzt.

Infobox

Schnittziel:
Schöne Sträucher mit vielen Blüten
Schnittzeitpunkt:
Sommer, nach der Blüte
Schnitthäufigkeit:
Anfangs gar nicht; später einmal im Jahr

Die berühmten »Alten Rosen«

Typisch für historische Rosensorten sind üppige, gefüllte Blüten in Pastelltönen mit betörendem Duft. Je nachdem, ob es Gallica-, Alba- oder Damaszener-Rosen sind, variiert der Wuchstyp der Sträucher. Die einen – dazu zählen die Gallica-Rosen – wachsen eher straff aufrecht, andere, z. B. die Alba-, Bourbon-, China- und Damaszener-Rosen zeigen einen eher ausladenden Wuchs mit graziös gebogenen Trieben. Aber sie blühen nahezu alle nur einmal, und zwar im Juni. Wenige Sorten **remontieren** und blühen im Spätsommer ein zweites Mal. Strauchrosen, die nur ein Mal blühen, bilden ihre Blüten an den Seitentrieben von ein- und vor allem mehrjährigen Zweigen. Schneiden Sie deshalb nur sehr behutsam – oder gar nicht!

Sommerschnitt: Ältere Sträucher kann man alle zwei bis drei Jahre auslichten, damit das Innere des Strauchs Licht und Luft bekommt. Generell sollte man die Schere nur nach der Blüte ansetzen. Totes oder krankes Holz wird allerdings bereits im Frühjahr entfernt.

EXTRA: Wildrosen – für die die Schnittregeln ebenfalls gelten – und Alte Rosen trumpfen im Herbst mit ihren Hagebutten ein zweites Mal auf! Wen der Anblick der verwelkten Blütenblätter stört, der streift sie ab, lässt aber die Fruchtknoten stehen. Aus ihnen entwickeln sich die Hagebutten.

Züchter aus ganz Europa bieten neben alten laufend auch neue robuste, reich blühende und duftende Strauchrosen an. Hier im Foto die bewährte ältere 100 cm hohe Sorte 'Schneewittchen'. Weitere bewährte Sorten sind:
'Eden Rose '85', 'Elveshörn', 'Flashlight', 'Freisinger Morgenröte', 'Ghislaine de Feligonde', 'Westerland'.

Öfterblühende Strauchrosen

Sommerschnitt: Verblühtes bis auf das übernächste Blattpaar abschneiden.

Infobox

Schnittziel:
Viele Blüten, vitale und widerstandsfähige Rosenstöcke
Schnittzeitpunkt:
April und im Juli
Schnitthäufigkeit:
Zweimal im Jahr

Duft und Blüten über den Sommer

Ob es der Duft der Englischen Rosen wie ‘Graham Thomas’ oder anderer Austin-Rosen ist, das kräftige Orange der windfesten ‘Westerland’ oder das dunkle Rot der ebenfalls intensiv duftenden ‘Astrid Gräfin von Hardenberg’ – die öfterblühenden Strauchrosen verschönern unsere Gärten den ganzen Sommer lang. Da sie ihre Blüten vorwiegend am älteren Holz bilden, werden sie ebenfalls nur leicht gestutzt. Dies dient der Vitalität und der Gesundheit der Sträucher.

Frühjahrsschnitt: Altes, totes, krankes Holz und quer wachsende Zweige entfernen.
Sommerschnitt: Mehrmals blühende Sorten werden generell ausgeputzt, das heißt verblühte Seitentriebe auf ein bis zwei Blätter eingekürzt. Bei großblütigen Sorten sollte man die welken Blüten einzeln entfernen. Ist allerdings der ganze Blütenstand verblüht, wird – wie bei kleinblütigen Sorten – das ganze Büschel bis zu einem kräftigen Seitentrieb zurückgeschnitten. Alte Triebe kann man bei Bedarf nach der Blüte ganz herausnehmen.

Ob flächendeckend als pflegeleichte Begrünung oder zusammen mit Stauden und Sommerblumen in der Rabatte – Bodendeckerrosen erfreuen sich großer Beliebtheit. Bewährt haben sich: 'Alpenglühen', 'Ballerina', 'Heidekönigin', 'Heidetraum', 'Immensee', 'Knirps', 'Mirato', 'Purple Haze', 'Schneeflocke', 'Sommerabend', 'Sommermärchen', 'Sommerwind', 'The Fairy', 'Red Haze', 'Weiße Max Graf'.

Bodendeckerrosen

Pracht für die Fläche

Die pflegeleichten, unermüdlich blühenden Bodendeckerrosen tragen diesen eher uncharmanten Namen, weil Landschaftsgärtner die unkomplizierten Wesen gerne großflächig für kommunale Flächen verwenden. Der Grund: Diese flach wachsenden **Kleinstrauchrosen** blühen unermüdlich; glächig eingesetzt unterdrücken sie sogar lästiges Unkraut. zudem sind sie vital und anspruchslos, völlig frosthart und verzeihen auch problemlos kleine Pflegefehler.

Frühjahrsschnitt: An sich muss man Kleinstrauchrosen kaum schneiden. Stehen die Rosen einzeln im Staudenbeet, dann werden sie wie Beetrosen geschnitten. Wer sie großflächig gepflanzt hat, sollte alle zwei bis drei Jahre zur Schere greifen.

Sommerschnitt: Im Sommer kann man nach der Blüte die verwelkten Blütenbüschel komplett entfernen – einzelne Blüten abzuknipsen wäre bei der Vielzahl an Blüten sehr mühsam und zeitraubend.

EXTRA: Wegen ihrer hervorragenden Eigenschaften werden Bodendeckerrosen auch häufig auf Stämme von Wildrosen veredelt und als Hochstammrosen angeboten. Wie radikal man sie dann stutzt, wird auf den Seiten 90–91 erklärt.

Infobox

Schnittziel:
Buschige, dicht wachsende Pflanzen
Schnittzeitpunkt:
März/April und nach der Blüte
Schnitthäufigkeit:
Zweimal jährlich

'Zéphirine Drouhin', eine mehrmals blühende Bourbon-Rose, gehört zu den langtriebigen Kletterrosen, die bis zu 400 cm hohe Mauern und Klettergerüste mit ihren Blüten bedecken. Weitere beliebte Kletterrosen (Climber) sind: 'Alchymist', 'Compassion', 'Coral Dawn', 'Dortmund', 'Golden Showers', 'Ilse Krohn Superior', 'Lawinia', 'Morning Jewel', 'New Dawn', 'Parade', 'Parkdirektor Riggers', 'Rosarium Uetersen', 'Santana', 'Schwanensee', 'Sympathie'.

Kletterrosen

Climber für blühende Wände

Diese weit verbreiteten Klassiker für Rosenwände spreizen sich mit ihren meist 2–3 m langen, straff aufrecht wachsenden, steifen Trieben in Kletterhilfen und Spaliere. Damit dieses Astgewirr nicht zu dicht wird und zu wenig Licht und Luft ins Innere der Rosenstöcke kommt, setzt man bereits im Frühjahr die Schere an.

Frühjahrsschnitt: Da öfterblühende Kletterrosen ihre Blüten vor allem an den Seitentrieben des alten Holzes tragen, entfernt man im Frühjahr nur einige ältere Haupttriebe direkt über dem Boden. Die abgeblühten Seitentriebe des Vorjahres werden auf drei bis fünf Augen eingekürzt – das ist der so genannte Zapfenschnitt –, mindestens aber um zwei Drittel ihrer Länge gekappt, und die trockenen Zweige entfernt. Zusätzlich bindet man die teilweise bis zu 2 m langen Triebe, die über das Klettergerüst hinausragen, bogenförmig am Spalier fest. Auf keinen Fall abschneiden, denn an den bogenförmigen Trieben bilden sich besonders viele Blütenknospen.

Sommerschnitt: Nach der Hauptblüte im Juni oder Juli schneidet man die kräftigen Seitentriebe auf drei bis fünf Augen zurück. Schwache abgeblühte Triebe werden bis auf eine kräftige Triebknospe gekappt. Den Sommer über sind die neuen Rosentriebe am Rankgerüst entlangzuleiten und bogenförmig anzubinden.

EXTRA: Für begehbare Rosenbögen eignen sich diese Sorten weniger, denn die Gefahr ist recht groß, sich beim Durchschreiten an den Dornen zu verletzen.

Infobox

Schnittziel:
Anfangs fächerförmiges Grundgerüst; später viele Blüten; Luft und Licht für das Innere der Kletterrosen
Schnittzeitpunkt:
März/April und im Sommer
Schnitthäufigkeit:
Zweimal im Jahr

Die weichtriebigen Rambler verschönern alte Obstbäume, überdecken Pergolen und Hausdächer. Mit ihrer Wuchskraft wollen sie gerne hoch hinaus. Hier im Foto die Sorte 'Wedding Day'. Weitere beliebte Ramblerrosen sind: 'Alberic Barbier', 'Albertine', 'American Pillar', 'Bobbie James', 'Félicité et Perpétue', 'Flammentanz', 'Goldfinch', 'Little Rambler', 'Maria Lisa', 'Rambling Rector', 'Seagull', 'Veilchenblau'.

Ramblerrosen

Infobox

Schnittziel:
Vitale Pflanzen mit vielen jungen Trieben
Schnittzeitpunkt:
Frühjahr
Schnitthäufigkeit:
In den ersten sechs Jahren gar nicht; dann alle zwei bis drei Jahre

Die üppig blühenden Lianen

Die Pracht der Rambler überwältigt, auch wenn sie »nur«, wie die Alten Rosen, einmal im Juni blühen. Ihre vielen, kleinen Blüten sitzen in dichten Büscheln an dünnen, biegsamen Trieben, die jedes Jahr dicht an dicht aus dem Wurzelstock sprießen und viele Meter lang werden. Die blühenden Lianen klettern auch in hohe Bäume.

Frühjahrsschnitt: Bei Ramblerrosen setzt man die Schere erst nach sechs Jahren an. Vorher lässt man die Rambler ungestüm wachsen. Erst dann nimmt man im Frühjahr wenige alte Triebe - wenn überhaupt nötig - über dem Boden heraus, um Platz für junge Triebe zu machen. Wachsen die Rosen in die Bäume, erübrigt sich mit der Zeit der Schnitt völlig. Kranke oder durch Frost geschädigte Triebe sollten Sie aber immer komplett abschneiden.

Sommerschnitt: Der Sommerschnitt entfällt bei den einmalblühenden Sorten. Stattdessen werden die biegsamen Triebe bogenförmig fixiert.

EXTRA: Da diese Rosen meist einen wunderschönen Fruchtschmuck tragen, sollte man Schnittmaßnahmen ins Frühjahr legen. Die Hagebutten bieten nicht nur optische Reize, sie sind im Winter auch eine wichtige Nahrungsquelle für Vögel.

Rosenstämmchen zitieren immer auch ein wenig den Stil der Barockgärten. Klassisch wirken sie mit Edelrosen wie hier der Weltrose ‘Gloria Dei’, verspielter sehen Bodendeckerrosen oder Kletterrosen als Kaskadenrose aus.
Beliebte Hochstammrosen:
‘Bonica ‘82’, ‘Duftwolke’, ‘Edelweiß’, ‘Friesia’, ‘Heidetraum’, ‘Maxi Vita’, ‘Mirato’, ‘Schneeflocke’, ‘Sommerwind’, ‘The Fairy’.
Beliebte Kaskaden- oder Trauerrosen:
‘Ghislaine de Feligonde’, ‘Lawinia’, ‘New Dawn’, ‘Super Excelsa’, ‘Super Dorothy’, ‘Rosarium Uetersen’.

Hochstamm- und Kaskadenrosen

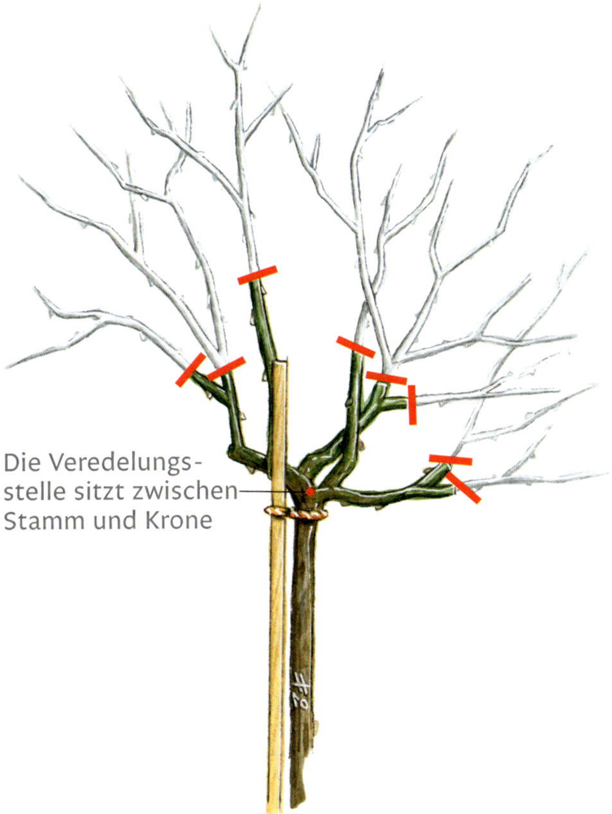

Kaskadenrose

Infobox

Schnittziel:
Ausgewogene und leichte Blütenkronen; schöner Habitus
Schnittzeitpunkt:
März/April, im Juli und ggf. im Herbst
Schnitthäufigkeit:
Zwei-, evtl. dreimal im Jahr

Die Krone machts

Es gibt Hochstammrosen mit 50 cm, 75 cm oder 110 cm Höhe, mit kugelrunden Kronen oder mit hängenden Blütenkaskaden – je nachdem, welche Rose auf den Stamm der Wildrose veredelt wurde. Sie werden entsprechend der Sorte, die die Krone bildet, geschnitten. Doch für alle gilt: Man muss auf Wildtriebe achten (siehe PRAXIS auf Seite 90/91).

Frühjahrsschnitt: Schneiden Sie altes, totes oder krankes Holz heraus und entfernen Sie nach innen wachsende Triebe. Alle restlichen Haupttriebe sind auf 20–25 cm (ab der Veredelungsstelle) einzukürzen. Die Seitentriebe werden auf zwei bis drei Knospen reduziert.

Sommerschnitt: Nach der ersten Blühperiode werden bei mehrmals blühenden Sorten alle Triebe kräftig eingekürzt.

Herbstschnitt: In windgefährdeten Lagen werden die Kronen um die Hälfte reduziert, um die Windanfälligkeit zu mindern.

EXTRA: **Kaskadenrosen** schneidet man in den ersten beiden Jahren gar nicht. Später nimmt man schwache Triebe bis zu einer kräftigen Knospe zurück. Aufrecht wachsende Triebe sollte man nach unten biegen und am Stamm festbinden. Nach der Blüte kürzt man die Seitentriebe und solche, die den Boden berühren, leicht ein.

Ob in Töpfen, ob in schmalen Beeten oder vielleicht sogar im Balkonkasten – mit den zierlichen Zwergrosen lässt sich auch in kleinen Gärten die pure Freude an Rosen erwecken. Hier im Foto die Sorte 'Guletta'.
Weitere beliebte Zwergrosen sind:
'Alberich', 'Baby Maskerade', 'Charmant', 'Eleanor', 'Lady Meillandina', 'Maidy', 'Orange Meillandina', 'Pink Meillandina', 'Pink Symphonie', 'Scarletta', 'Sonnenkind', 'Starina', 'White Gem', 'Zwergkönigin '82'.

Zwergrosen

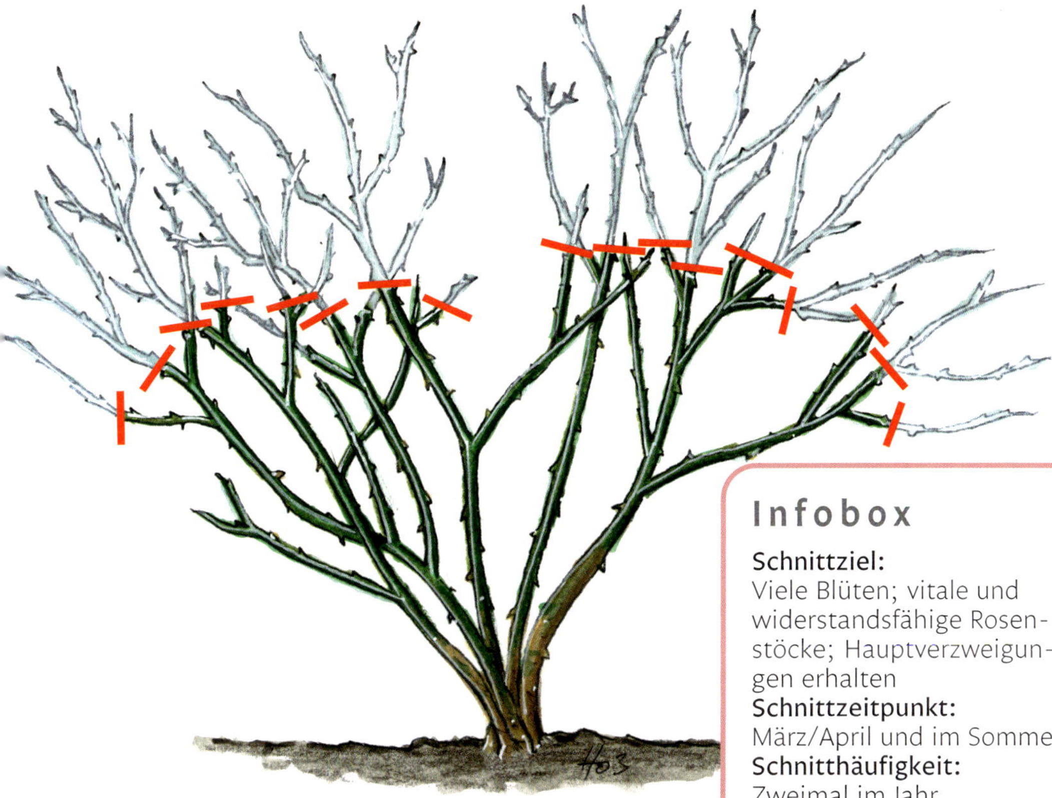

Infobox

Schnittziel:
Viele Blüten; vitale und widerstandsfähige Rosenstöcke; Hauptverzweigungen erhalten
Schnittzeitpunkt:
März/April und im Sommer
Schnitthäufigkeit:
Zweimal im Jahr

Die zierlichen Grazien

Im Prinzip könnte man sie als Miniaturausgabe der Beetrosen bezeichnen. Sie werden je nach Sorte etwa 20-40 cm hoch. Doch alle bilden nur recht dünne Triebe aus, dafür aber stark verzweigte Kronen mit einer Vielzahl an wunderschönen, zierlichen Blüten. Ob gefüllt oder ungefüllt - der Charme dieser Zwerge verblüfft.

Frühjahrsschnitt: Damit die Pflanzen vital bleiben, kürzt man die Kronen kurz vor dem neuen Austrieb ein, allerdings nur leicht, damit die Hauptverzweigungen der Minirosen erhalten bleiben. Nur schwache oder unschön gewachsene Exemplare sollte man stärker kappen, aber auch nur maximal auf ein Drittel der Höhe. Lichten Sie das Innere der Zwerge aus, indem sie die älteren Triebe ganz entfernen.

Sommerschnitt: Nur verwelkte Blüten entfernen.

EXTRA: Zu den Zwergrosen zählen auch die schwach wachsenden Patiorosen. Dagegen gehören die mehr oder weniger flach wachsenden Bodendeckerrosen nicht dazu! Diese moderne Rosengruppe zählt zu den mehrmals blühenden Strauchrosen.

PRAXIS – Rosen schneiden

Totes und krankes Holz entfernen

Neben speziellen Schnittregeln für jede Rosengruppe gilt aber für jede Rose: Altes, totes oder krankes Holz wird generell entfernt. Man erkennt es an der braunen, eher brüchigen Rinde im Gegensatz zu den frischgrünen, jungen, gesunden Trieben. Da man die Farbe des Holzes im Frühjahr, im unbelaubten Zustand, besser erkennen kann, wird dies meist für das Frühjahr empfohlen. Das ganze Jahr über sollte man seine Rosenstöcke auf Krankheiten überprüfen. Zeigen sich infizierte Blätter mit schwarzen Sternchen – meist ein Hinweis auf die gefährliche Pilzkrankheit Sternrußtau –, sollte man diese absammeln und in die Mülltonne werfen. Außerdem müssen mechanisch beschädigte Triebe rigoros gekappt werden, da die Gefahr der Infektion von gesunden Blättern und Trieben groß ist. Scheuerstellen sind Eintrittspforten für gefährliche Pilzsporen. Daher kürzt man sich kreuzende Triebe auf eine nach außen gerichtete Knospe ein.

Richtige Schnittführung

Setzen Sie die Schere generell immer **leicht schräg** und zwar **5 mm über einer gesunden Knospe** oder einem Blattansatz an. Die Schräge soll **weg von der Knospe** weisen, damit bei Regen das Wasser nicht in die Knospe, sondern von ihr wegfließt! Das beugt Fäulnis vor. Ein zu schräger Schnitt führt zu einer großen Wundstelle und ist eine Eintrittspforte für Pilzerreger. Schneidet man waagerecht ab, kann das Wasser nicht ablaufen und die Schnittstelle beginnt zu faulen. Generell gilt: Nehmen Sie nur scharfe Scheren zur Hand! Mit stumpfen Messern ist die Gefahr zu groß, dass die Schnittstellen ausfransen oder gequetscht werden.

Wildtriebe entfernen

Immer wieder kommt es vor, dass die Wildrosen ihre eigenen Triebe von unterhalb der Veredelungsstelle durchtreiben und der Gartenrose Nahrung, Licht und Luft streitig machen. Deshalb muss man die veredelten Rosen stets auf Wildtriebe prüfen. Man erkennt sie leicht an der Blattform und der -farbe. Die Blätter der Wildtriebe sind siebenzählig und hellgrün. Die Triebe schießen meist steif und kräftig direkt aus dem Boden in die Höhe. Bei Hochstammrosen sprießen die Wildtriebe irgendwo aus dem Stamm und sind von daher sehr leicht zu entdecken.

So soll es sein: ein sauberer, schräger Schnitt direkt über einer kräftigen Knospe.

Anstatt sie einfach nur mit der Schere abzuschneiden, sollte man sie jedoch kräftig abreißen. Der Grund: Rund um den Ansatz des Wildtriebs sitzen schlafende Augen, die durch einen Rückschnitt angeregt werden, auszutreiben. Bei Beetrosen kann man die Wildtriebe im Boden freilegen und mit einem scharfen Ruck herausreißen.

Sommerschnitt - Verzicht auf Hagebutten

Wildrosen bilden von Natur aus Hagebutten. Mehrfach blühende Rosen brauchen im Sommer einen Schnitt, damit sie üppig weiterblühen. Sie sollen ihre Kraft nicht für die Entwicklung von Hagebutten verwenden, sondern in die Bildung weiterer Blüten fließen lassen. Wie weit zurückgeschnitten wird, hängt vom Wuchs der Pflanze ab. Ist der ganze Blütenstand einer Strauchrose verblüht, wird er gekappt.
Anders bei Beetrosen: Die verblühten Triebe werden nur bis zum ersten fünffach gefiederten Blatt eingekürzt. Das sind oft nur ein paar Zentimeter. Bei Kletterrosen sollte man die Schere beherzt ansetzen (siehe Seite 83).
Bei einmalblühenden Alten Rosen kann man selbst frei entscheiden, ob man die Rose fruchten lässt und die Hagebutten im Herbst genießt, oder ob die Rose nach der Blüte ihre Energie für die Anlage der Blütenknospen des nächsten Jahres verwendet.

Der richtige Pflanzschnitt

Wurzelnackte Rosen, also Rosenstöcke ohne Topfballen, werden von den Rosenbaumschulen klassischerweise im Frühjahr und im Herbst angeboten. Die Pflanzen sind deutlich preiswerter als Containerrosen und bieten die höchste Vitalität für den Start im Gartenboden.

Vor dem Pflanzen kappt man alle Triebe, die nach innen wachsen, Scheuerstellen aufweisen oder gar tot oder krank sind. Außerdem kürzt man die verbleibenden drei bis fünf Triebe ein, und zwar möglichst auf vier bis sechs Knospen. Hier gilt: Dicke Zweige können mehrere Augen gut versorgen; dünne Triebe kürzt man auf drei Augen ein. Die Wurzeln bleiben in voller Länge erhalten und werden nur gekappt, wenn sie verletzt oder eingetrocknet sind.

Hier sprießt am Stamm ein kräftiger Wildtrieb. Er würde die veredelte Hochstamm-Rose schnell überwuchern und muss daher sofort abgerissen werden. Wer zur Schere greift, regt stattdessen den Austrieb schlafender Augen an!

Hecken

Dicht, kompakt und rundum akkurat – so wünscht man sich Hecken im Garten. Sie können das Grundstück nach außen abschirmen, dem Garten Struktur geben oder eine ruhige Kulisse für bunte Staudenbeete bieten. All diese Funktionen erfüllen Hecken nur optimal, wenn man sie regelmäßig und artgerecht in Form trimmt. Wie häufig man zur Schere greifen muss, hängt vom Alter der Hecke, vor allem aber von der Gehölzart ab.

Was für eine gelungene Hecken-Formation: Liguster mit viel Schwung und Fantasie zu formschönen Elementen geschnitten. Sie bringen zugleich optische Ruhe und leise Spannung in den Garten.

Liguster-Hecke *Ligustrum vulgare*

Infobox

Schnittziel:
Brusthohe, dichte Hecken
Schnittzeitpunkt:
Ende April bis Anfang Juli
Schnitthäufigkeit:
Mehrmals im Jahr

Die Hecke für Garteneinsteiger

Liguster eignet sich sehr gut für brusthohe Hecken als Raumteiler innerhalb des Gartens. Die Sorte 'Atrovirens' ist in wintermilden Regionen immergrün. Liguster lässt sich leicht zu einer runden Hecke oder frei nach Ihrer Fantasie formen. Es gibt allerdings eine Beschränkung: Liguster-Hecken können nicht höher als 1,80 m gezogen werden, sonst fallen sie auseinander. Als Sichtschutz ist sie daher nur bedingt geeignet. Am schönsten sieht Liguster aus, wenn man ihn mehrmals jährlich nur schwach schneidet. Dann treibt er ständig frisch aus.

Wichtig: Vor dem Schnitt die Hecke auf Vogelnester prüfen und bei Bedarf den Schnitttermin verschieben!

Feldahorn-Hecke

Acer campestre

Feldahorn ist nur für Hecken ab etwa 1 m Höhe geeignet. Bei niedrigeren Hecken müssten die starken Neutriebe ständig gekappt werden. Der Ahorn sollte auch nicht schmaler als 80 cm gezogen werden. Wegen der enormen Wuchskraft werden diese Hecken am besten zweimal im Jahr geschnitten – Anfang Juni und im August. Sonst werden die Triebe so dick und lang, dass man sich mit der Heckenschere quält. Die Schnittverträglichkeit der jungen Pflanzen lässt im Alter etwas nach.

Dornige Grenzsignale in Rot: Die Rote Hecken-Berberitze zählt – genauso wie ihre grünblättrige Schwester – zu den robusten Heckengehölzen und verträgt sommerliche Dürre sowie schlechte Böden am Wegesrand.

Berberitzen-Hecke *Berberis thunbergii*

Infobox

Schnittziel:
Niedrige, formale Hecken

Schnittzeitpunkt:
Ende April bis Anfang Mai, Juli bis August

Schnitthäufigkeit:
Zweimal im Jahr

Bunte Blattschönheiten

Dank der außergewöhnlichen Schnitt- und Windfestigkeit zählen Berberitzen zu den beliebtesten Heckengehölzen für Vorgärten. Von Anfang an regelmäßig getrimmt, bilden die kleinen Blätter eine dichte, rote – bei der Sorte 'Atropurpurea' – oder grüne teppichartige Oberfläche. Berberitzen eignen sich daher sehr gut für geometrische Hecken von 50–120 cm Höhe. In Form geschnitten, zeigt die Berberitze ihre primelgelben Blüten nur im Inneren der Hecke. Im Herbst färbt sich die grüne Berberitze orangerot, die rote kleidet sich komplett in Karminrot – und bringt damit starke Farbakzente in den Vorgarten.

Weißdorn-Hecke
Crataegus monogyna

Weißdorn als heimisches Wildgehölz blüht auch bei regelmäßigem Formschnitt üppig und lockt damit Bienen und Insekten an. Das stark bewehrte Astgewirr bietet Vögeln, Eichhörnchen und anderen Kleinsäugern Schutz und im Herbst mit den zahlreichen roten Beeren leckere Kost. Wenn Vögel im Innern der Hecke brüten, verschieben Sie möglichst den Schnitttermin auf August.
Weißdorn ist auch deshalb für Formhecken so gut geeignet, weil er auf einen Rückschnitt mit enormer Verzweigung und frischen Blättern reagiert und so immer ein schönes Bild bietet. Eine gute Heckenhöhe für Weißdorn ist 80–200 cm.

Das Fenster in der Buchen-Hecke wird nicht einfach »hineinge-schnitten«, sondern über Jahre geformt: Die seitlichen Äste rechts und links werden oben entlang von gebogenen Drähten wieder zusammengeführt.

Buchen-Hecke *Carpinus betulus, Fagus sylvatica*

Setzen Sie die jungen Heckenpflanzen entlang der Schnur und fixieren Sie sie an einem Draht. Beim Pflanzschnitt kappt man die Haupttriebe um ein Drittel! Bei kleinen Pflanzen bleibt da nicht viel übrig, doch nur so wird die Hecke von Anfang an dicht.

Infobox

Schnittziel:
Dichte Hecken
Schnittzeitpunkt:
Februar und Juni bis August
Schnitthäufigkeit:
Ein- bis zweimal jährlich

Die Einheimischen

Die **Hainbuche** *(Carpinus betulus)* eignet sich auf leichten, sandigen Böden, die **Rotbuche** *(Fagus sylvatica)* dagegen auf schweren, lehmhaltigen Böden. Da beide Arten ihr Laub erst im nächsten Frühjahr komplett fallen lassen, bieten sie besten Windschutz.

Mit einem beherzten Winterschnitt sorgen Sie dafür, dass Laubhecken vom Beginn der Saison an gepflegt aussehen und frisches Grün treiben. Wer im Winter die Triebe kappt, sorgt für einen kräftigen Neuaustrieb. Der Sommerschnitt um den 24. Juni nutzt dagegen die Schubkraft des Johannistriebs. Für den Schnitt gilt die Faustregel: Drei Viertel des diesjährigen Zuwachses werden entfernt. Schneiden Sie auch junge Hecken, die ihre Endhöhe noch nicht erreicht haben, damit sie sich gut verzweigen. Hier wird allerdings nur die Hälfte des Jahreszuwachses entfernt.

Kontrollieren Sie die Hecke auf Vogelnester! Warten Sie gegebenenfalls mit dem Heckenschnitt, bis die Jungvögel ausgeflogen sind.

Verspielt oder akkurat: Mit Buchsbaum-Hecken lassen sich klassische Ornamente pflanzen. Die niedrigen Hecken verleihen dem Küchengarten genauso einen immergrünen Rahmen wie üppigen Staudenbeeten oder Rosenrabatten.

Buchsbaum-Hecke *Buxus sempervirens* 'Suffruticosa'

Infobox

Schnittziel:
Akkurate Einfassungshecken
Schnittzeitraum:
April bis Ende Juni
Schnitthäufigkeit:
Zweimal im Jahr

Buchsbaum-Hecken sind besonders für Einfassungen geeignet. Man trimmt sie am besten mit eine Schnitthilfe, z. B. ein paar Mauersteinen und einem Holzbrett oder einer Schnur in Schnitthöhe. Der Vorteil der Brettkonstruktion: Die Scherenschneiden gleiten schnurgerade über das Holz. So vermeiden Sie auf jeden Fall Wellenlinien in der Hecke. Damit sie schön dicht bleiben, werden Buchsbaum-Hecken bereits im Frühjahr – bei milder Witterung schon im April – und dann nochmals Ende Juni gestutzt. Ab Anfang August sollte der Buchs verschont bleiben. Dann hat der anschließende Austrieb genug Zeit, bis zu den ersten Frösten auszureifen. So vermeiden Sie, dass die Triebspitzen im Winter vergilben.

EXTRA: Damit die durchtrennten Blätter nicht eintrocknen und weiße unschöne Ränder ausbilden, trimmt man die Buchsbaum-Hecken im Idealfall an einem trüben Tag in leichtem Nieselregen. Schneiden Sie auf keinen Fall bei praller Sonne und anhaltender Hitze!

Eiben-Hecken wachsen langsam, doch mit etwas Geduld lassen sie sich zu formschönen Skulpturen und ebenmäßigen Hecken erziehen. Mit ihrem glänzenden Nadelkleid führt die Eibe die Hitliste der Heckengehölze an.

Eiben-Hecke *Taxus baccata*

Die beste Form für Eiben-Hecken ist die Trapezform. Dabei sollte sich die Hecke nach oben verjüngen, damit sie rundum Licht bekommt und der Schnee gut abrutscht. Die Flanken dürfen steiler sein als bei Laubhecken.

Infobox

Schnittziel:
Dichte, akkurate Hecken
Schnittzeitraum:
Juni bis August
Schnitthäufigkeit:
Anfangs drei- bis viermal, später zwei- bis dreimal im Jahr

Regelmäßig in Form gebracht, bietet kein anderes Heckengehölz ein so ebenmäßiges und elegantes Heckenbild. Das macht die immergrüne Eibe zum Klassiker, obwohl es Jahre dauert, bis sie auf Mannshöhe wächst. Besonders dicht wird die Hecke, wenn man junge Pflanzen ab dem zweiten Standjahr und ein paar Jahre danach drei- bis viermal jährlich schneidet. Das sorgt für dichte, ebenmäßige Heckenflanken. Später genügt es, die Schere zweimal jährlich – am besten im Juni und im August – anzusetzen. Kappen Sie dabei etwa drei Viertel des diesjährigen Neuzuwachses sämtlicher Haupttriebe.

EXTRA: Immergrüne Heckenpflanzen bekommen keinen Pflanzschnitt und werden im ersten Jahr nach der Pflanzung überhaupt nicht geschnitten. Das gilt auch für Thujen, Scheinzypressen und Lorbeerkirsche.

Für kalte Höhenlagen hat sich die Fichte als immergrünes Heckengehölz bewährt. Da ältere Fichten keinen Rückschnitt vertragen, startet man unbedingt mit jungen Pflanzen und stutzt diese von Anfang an.

Fichten-Hecke *Picea abies*

Im Voralpenland und in kalten Höhenlagen ist die gute alte Fichte noch immer ein bewährtes Heckengehölz.

Infobox

Schnittziel:
Dichte Hecken
Schnittzeitpunkt:
Mai bis Ende Juni
Schnitthäufigkeit:
Jährlich ein- bis zweimal

Fichten bilden innerhalb kurzer Zeit eine dichte immergrüne Hecke. Damit die Hecke von unten her dicht wird, sollte man möglichst junge Pflanzen setzen und erst im zweiten Standjahr mit dem Schnitt beginnen. Der **Gipfeltrieb** wird erst gekappt, wenn er die gewünschte Endhöhe der Hecke erreicht hat. Die **Seitentriebe** werden so eingekürzt, dass die Hecke eine konische Form erhält. Faustregel: Pro Meter Höhe sollten sich die Flanken mindestens 10 cm nach innen neigen, damit alle Zweige genug Sonnenlicht bekommen.

Die beste Form der Fichten-Hecke ist ein sich nach oben verjüngendes Trapez – also eine schräge Kastenform – oder der oben runde Tunnelschnitt. Mit einer abgerundeten Spitze ist die Hecke gut geschützt vor Wind- und vor allem vor Schneeschäden. Ein Aspekt, der in den schneereichen Regionen Süddeutschlands von großer Wichtigkeit ist, denn einmal auseinander gebrochene Fichten-Hecken regenerieren sich nur sehr schlecht. Beschädigte Pflanzen müssen durch neue ersetzt werden.

Scheinzypressen gehören genauso wie die sehr ähnlich aussehenden Thujen zu den beliebten immergrünen Heckengehölzen. Beide Koniferen sind preiswert im Einkauf. Raffiniert in Wellenform getrimmt, sehen sie sogar ein wenig originell aus.

Scheinzypressen-Hecke *Chamaecyparis lawsoniana*

Regelmäßig geschnittene Koniferenhecken haben eine dichte Oberfläche. Überall dort, wo kein Licht hinkommt, wachsen keine Nadeln mehr. Die inneren Triebe sind daher vertrocknet und kahl. Außen glänzen die immergrünen Schuppen und sehen ganzjährig gut aus.

Infobox

Schnittziel:
Dichte schmale Säulen
Schnittzeiten:
April bis September
Schnitthäufigkeit:
Anfangs dreimal, später zweimal im Jahr

Mit zu den am häufigsten gepflanzten Heckengehölzen zählen Scheinzypressen: Die Sorte 'Columnaris' hat bläuliche Nadeln, die Sorte 'Alumii' eher ein graublaues Nadelkleid. Beide Sorten vertragen die Rückschnitte nur gut, wenn sie regelmäßig, häufig und stets nur wenig getrimmt werden, denn nur die Triebspitzen reagieren positiv auf den Rückschnitt und können sich immer wieder verzweigen. Setzen Sie die Schere lieber in den Anfangsjahren häufiger und weniger scharf an, dann entwickelt sich ein blickdichter, geschlossener Sichtschutz. All dies gilt auch für die immergrünen **Thujen-Hecken**. Sehr beliebt ist die Sorte 'Brabant'.

Verschnittene Hecken

Für Scheinzypressen wie auch die sehr ähnlichen Thujen gilt: Die Koniferen vertragen nur einen Rückschnitt der jungen Triebspitzen. Die Nadelgehölze können sich nicht aus dem alten Holz regenerieren, im Gegensatz zur sehr schnittverträglichen Eibe. Einmal durchgewachsene Hecken lassen sich nicht mehr verjüngen. Das Resultat eines solchen falschen Schnitts zeigt das Foto: Die Kahlstellen werden nie wieder überwachsen, die Pflanzen können die Wunden nie mehr schließen! Die Hecke ist quasi zerstört. Es bleibt nur, sie neu zu pflanzen.

PRAXIS – Hecken verjüngen

Alte Hecken verjüngen

Mit den Jahren vergreisen auch gut gepflegte Hecken. Im Astgewirr werden die Blätter nur noch schlecht mit Wasser versorgt. Lücken klaffen und die Hecke bietet ein kümmerliches Bild. Setzen Sie beherzt die Schere an, um die Pflanzen zu verjüngen! Die Vitalkur lohnt sich in jedem Fall.

Zur Verjüngung setzt man die Gehölze auf den Stock, wie der Fachmann sagt. Gemeint ist damit, dass die Hecken radikal auf 50 cm Breite und rund 100 cm Höhe, mindestens aber bis auf die dicken Äste in Hüfthöhe, gekappt werden. Schneiden Sie jedoch mindestens etwa 15 cm mehr ab, als die Hecke später hoch und breit sein soll.

Nach diesem radikalen Schnitt bleiben nur die dicken Hauptäste mit kurzen Aststummeln übrig. Die Gehölze reagieren mit vielen Neutrieben, vor allem rund um den Ansatz der dicken Seitenäste direkt am Stamm. Beim Auf-den-Stock-Setzen erfolgt der Austrieb vor allem im unteren Bereich. Die Hecke kann nach einem Verjüngungsschnitt deutlich schmaler als zuvor gehalten werden – ein Glücksfall für kleine Gärten. Soll die Hecke höher wachsen all vorher, lässt man die kräf-

Die vergreiste Buchenhecke wird bis auf die dicken Äste in Hüfthöhe zurückgeschnitten. Wichtig dabei ist eine kräftige Astschere mit »Biss«.

tigen Neutriebe bis zur gewünschten Höhe wachsen und beginnt erst dann mit dem Formschnitt.

Vorsicht bei älteren Nadelgehölzhecken! Thujen, Scheinzypressen, Fichten und Kiefern sollten nicht bis ins alte Holz gekappt werden. Sie treiben dort nicht wieder aus und es muss mit Löchern gerechnet werden, die nicht mehr zuwachsen. An den Seiten darf nur so weit zurückgeschnitten werden, wie der Nadelansatz reicht.

Sichtschutz trotz Verjüngen

Wer auf keinen Fall vorübergehend auf den Sichtschutz verzichten will, verteilt den Schnitt der Spitze als auch der beiden Seiten auf verschiedene Jahre. Dazu schneidet man im ersten Jahr die eine Seite der Hecke bis fast zum Stamm zurück; die andere wird getrimmt wie bisher. Sobald die verjüngte Seite dicht zugewachsen ist - meist nach ein bis zwei Jahren -, kommt die andere Seite dran.

Wann ist die beste Zeit für die Radikalkur?

Der beste Zeitpunkt für das Verjüngen ist bei Laubhecken die Vegetationsruhe von Oktober bis Februar. Bei einem Schnitt im Oktober verheilen die Schnittwunden besser. Immergrüne werden im Frühling geschnitten.

Das richtige Werkzeug

Eine Heckenschere schneidet nur Äste bis zu einer dicke von 3 cm relativ problemlos - für das Verjüngen alter Hecken reicht das nicht aus. Daher nimmt man die Astschere zur Hand, denn diese kappt ohne Probleme auch dicke Triebe. Im Idealfall hat man eine Astschere mit Übersetzung, die den Kraftaufwand deutlich minimiert und auch Frauenhänden ermöglicht, dicke Äste abzuschneiden.

Nach dem Verjüngen sieht der Rest der Hecke zunächst kahl und kümmerlich aus.

Anschließend düngen

Für den Neuaustrieb brauchen die Pflanzen Kraft. Mulchen Sie deshalb die Hecke nach der Radikalkur gut und düngen Sie im Frühjahr mit einem organischen Gartendünger.

Infobox

Folgende Heckengehölze lassen sich verjüngen:

- Eiben *(Taxus baccata)*
- Feldahorn *(Acer campestre)*
- Hainbuchen *(Carpinus betulus)*
- Liguster *(Ligustrum vulgare)*
- Rotbuchen *(Fagus sylvatica)*
- Stechpalmen *(Ilex aquifolium)*
- Weißdorn *(Crataegus monogyna)*

Kletterpflanzen

Wer seine Kletterpflanzen richtig und regelmäßig schneidet, hat mehr Freude an üppigen Blüten, gesunden und langlebigen Pflanzen. Kiwi und Weinreben belohnen einen artgerechten und fachmännischen Schnitt außerdem mit großen, gesunden Früchten.

Berg-Waldreben erklimmen mit ihren langen Ranken viele Höhenmeter und öffnen ihre zartrosa Blüten im Frühjahr meist im oberen Bereich der Triebe. Kleines Foto: Clematis ‘Helsingborg’ – eine violette Alpen-Waldrebe.

Clematis – Frühjahrsblüher

Nur alte Pflanzen, die zu groß oder zu dicht sind, werden nach der Blüte im Mai leicht ausgelichtet.

Infobox

Schnittziel:
Leichte Korrekturen an zu dichten Pflanzen
Schnittzeitpunkt:
Im Mai nach der Blüte
Schnitthäufigkeit:
Alle zwei bis drei Jahre

Die Frühjahrsblüher

Oft schon Mitte April zeigen sich die zartrosa Blüten der Berg-Waldreben *(Clematis montana)*, wenig später die blauvioletten Glocken der Alpen-Waldreben (*C. alpina*). Die Wildarten blühen ohne große Pflege überaus reich. Ihre Knospen legen sie schon im Sommer und Herbst des Vorjahres an. Ein Rückschnitt im Winter würde alle Blüten vernichten. Deshalb schneidet man sie direkt nach der Blüte zurück, allerdings nur, wenn die Pflanzen zu dicht oder zu lang geworden sind. Kürzen Sie überlange Triebe auf gesunde Knospen ein. Ansonsten genügt es, schwache oder tote Triebe zu entfernen. Nach sehr strengen Wintern kann es sein, dass ein Teil der Triebe erfroren ist. Dann würde man einen radikalen Schnitt vornehmen – aber auch erst nach der Blüte.

Zu den Frühjahrsblühern gehören:

- Berg-Waldrebe *(Clematis montana)* und deren Sorten ‘Broughton Star’, ‘Freda’, ‘Rubens’ und ‘Picton’s Variety’.
- Alpen-Waldrebe *(Clematis alpina)* und deren Sorten ‘Blue Princess’, ‘Constance’, ‘Helsingborg’, ‘Jacqueline du Pré’ und ‘Magnus Johnson’.

Mit ihren bis zu handgroßen Blütensternen begeistern die Hybriden viele Gartenfreunde. Die Leuchtkraft der Blütenfarben beeindruckt und macht sie zu idealen Partnern von Stauden und Rosen. Hier im Bild: ‘Dr. Ruppel’.

Clematis – Großblumige Sommerblüher

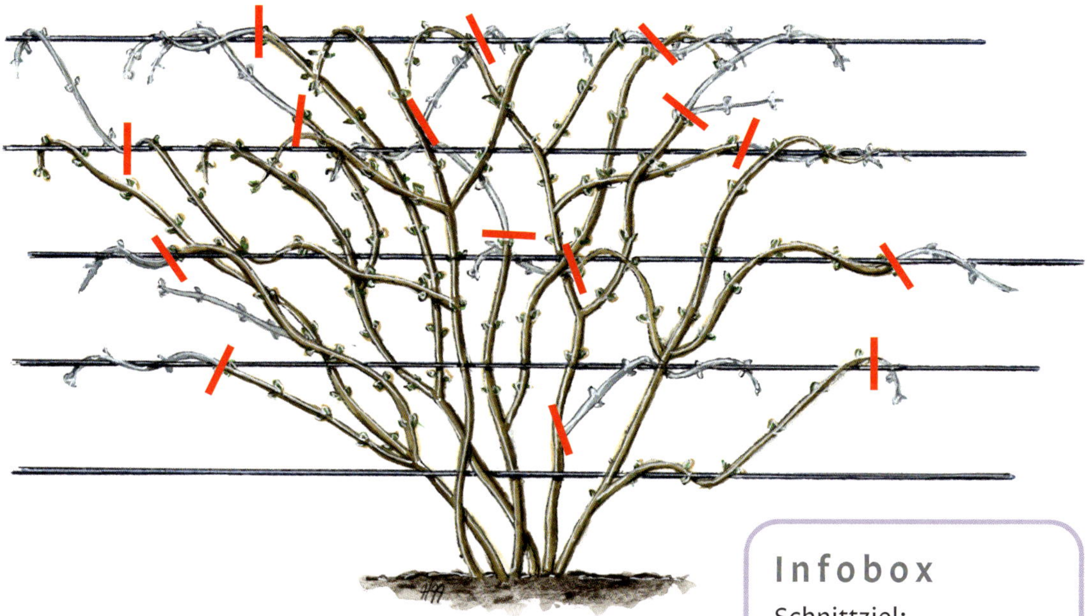

Man kürzt etwa die Hälfte der Triebe jeweils um ein Drittel ihrer Länge.

Infobox

Schnittziel:
Verjüngen der Pflanzen; Bildung von Langtrieben
Schnittzeitpunkt:
November bis März
Schnitthäufigkeit:
Jährlich

Großblumige Hybriden

Für die Gruppe der im Frühsommer blühenden Clematis gilt eine eigene Schnittregel: Man schneidet ihre langen Triebe von November bis März mäßig zurück, damit sich die Kletterpflanzen jährlich verjüngen und im Laufe des Frühsommers neue, blühwillige Langtriebe bilden. Denn die meisten Vertreter dieser Gruppe blühen zweimal im Jahr: im Mai an den Kurztrieben des vorjährigen Holzes, und im August an den in diesem Jahr neu gebildeten Langtrieben. Mit einem vorsichtigen Schnitt kann man sogar erreichen, dass sich die Blütezeiten verlängern und überlappen. Wichtig ist, dass ein Gerüst aus älteren Trieben stehen bleibt, an dem sich neue Blütentriebe bilden können. Überzählige Triebe schneidet man für die zweite Blüte bis auf gesunde Knospen zurück.

Beliebte großblumige Hybriden:

Clematis-Hybriden wie 'Dr. Ruppel', 'Duchess of Edinburgh', 'Lasurstern', 'Miss Bateman', 'Multiblue', 'Nelly Moser', 'Niobe', 'The President', 'Ville de Lyon', 'William Kennet' u. a.

Hier ist der Name Programm: das lichte Blau der Hybride 'Prince Charles' wirkt so vornehm wie ihr Namenspate. Die edle Gestalt hat einen prominenten Platz am Obelisken mitten im Staudenbeet verdient.

Clematis – Viticella-Hybriden

Setzen Sie die Schere in jedem Falle oberhalb einer kräftigen Knospe an – etwa 30–50 cm über dem Boden.

Infobox

Schnittziel:
Viele, junge Triebe
Schnittzeitpunkt:
November bis Anfang März
Schnitthäufigkeit:
Jährlich

Wildarten für den Sommer

Bei dieser Gruppe der Clematis fällt der Rückschnitt am stärksten aus. Die im Hochsommer am diesjährigen Holz blühenden Wildarten werden radikal gestutzt. Man schneidet zwischen November und Anfang März – am besten, wenn Knospen gerade austreiben – alle Triebe 20–40 cm über dem Boden ab. Bei älteren Pflanzen setzt man die Schere bei rund 50 cm Trieblänge an. Der Grund: Die im Hochsommer blühenden Arten und Sorten bilden ihre Blütenknospen an frischen, im selben Jahr gewachsenen Trieben. Außerdem verhindert man mit diesem starken Rückschnitt, dass die Pflanzen von unten her verkahlen.

Beliebte Wildarten:

Wildarten wie *Clematis rehderiana, C. tangutica, C. texensis, C. viticella* sowie deren Sorten wie ‘Étoile Violette’, ‘Rubra’ und andere.

Noch bevor grüne Blätter die graugrünen Lianen der Glyzinen bedecken, zeigen die Schlingpflanzen ihre volle Pracht: ein Himmel voller Blauregen mit bis zu 30 cm langen blauen Blütentrauben.

Glyzine, Blauregen *Wisteria sinensis*

Lange Lianen, die herunterhängen, werden im August auf zwei bis drei Blätter eingekürzt.

An einer Pergola leitet man die Haupttriebe in die Höhe, stutzt die unteren Seitentriebe komplett und die oberen um zwei Drittel (links).
Im dritten Jahr hat die Glyzine eine 2 m hohe Pergola erklommen und schlingt sich nun um die quer liegenden Pfosten. Man schneidet wie zuvor zurück (rechts).

Infobox

Schnittziel:
Zuerst Gerüstaufbau, später Förderung der Blütenbildung
Schnittzeitpunkt:
Im August und im Winter
Schnitthäufigkeit:
Zweimal pro Jahr

Ein Himmel voller Blütentrauben

Ohne Schnitt überwuchert diese Liane mit ihrem Wirrwarr langer Triebe im Nu jedes Klettergerüst und auch dicke Pfosten. Im Laufe eines Sommers bildet sie bereits meterlange Triebe, mit denen sie auch schon mal ein Regenrohr vom Haus abreißt. Deshalb ist ein beherzter Schnitt und eine strenge Erziehung vonnöten. Wenn die Wuchskraft gebändigt wird, bleibt viel Energie für die Blütenbildung. Je wärmer und sonniger die Glyzine steht, desto besser blüht der Schlinger. Allerdings brauchen Glyzinen manchmal bis zu sieben Jahre bis zur ersten Blüte.

Auf nährstoffhaltigen Böden bilden die Pflanzen mehr Blatt- als Blütentriebe. Am üppigsten blüht das reife Holz. Daher gilt es, die Schere richtig und gezielt anzusetzen. Generell stutzt man Glyzinen zweimal im Jahr. Einmal kappt man im August die Seitentriebe um die Hälfte oder gar um zwei Drittel. Der anschließende Neuaustrieb wird im Winter, spätestens bis Anfang März, wieder auf zwei bis drei Augen zurückgeschnitten.

Am schönsten sieht der Winter-Jasmin aus, wenn seine Blütentriebe kaskadenartig über eine Mauerkrone fallen. Der Spreizklimmer wächst am besten in voller Sonne, verträgt aber auch Halbschatten.

Winter-Jasmin *Jasminum nudiflorum*

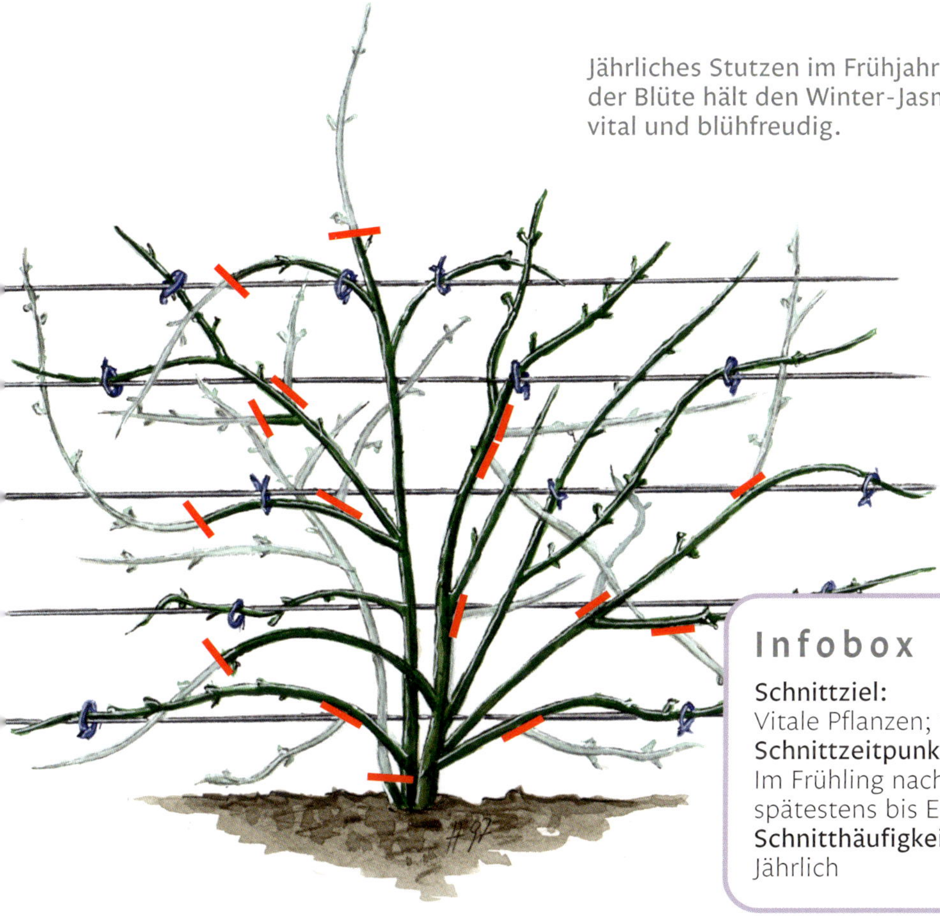

Jährliches Stutzen im Frühjahr nach der Blüte hält den Winter-Jasmin vital und blühfreudig.

Infobox

Schnittziel:
Vitale Pflanzen; viele Blüten
Schnittzeitpunkt:
Im Frühling nach der Blüte, spätestens bis Ende April
Schnitthäufigkeit:
Jährlich

Sonnengruß mitten im Winter

Ob an einer Hauswand am Spalier fixiert, über eine Mauerkrone fallend oder frei in Kaskaden über den Topfrand hängend – die grasgrünen, staksigen und dann noch blattlosen Triebe des Winter-Jasmins sind vom Winter bis zum frühen Frühling übervoll mit gelben Blüten.

Doch Winter-Jasmin klettert nicht alleine. Soll er in die Höhe wachsen, muss man die Triebe an einem Gerüst fixieren. In den ersten Jahren bindet man alle kräftigen Haupttriebe fächerförmig fest. Unverzweigte Triebe kürzt man nach der Blüte auf ein kräftiges Knospenpaar ein, um die Verzweigung anzuregen. Außerdem entfernt man abgestorbene, schwache, verletzte und sich kreuzende Triebe. Ziel ist es, das Klettergerüst möglichst mit vitalen Trieben auszufüllen. Später werden alle verblühten Triebe auf zwei bis drei Knospen gestutzt. An den neuen Trieben bilden sich dann bereits im Sommer die Blüten für den nächsten Winter. Da sich auf den Boden hängende Triebe bewurzeln, sollte man sie hochbinden.

In unseren Klimaten werden die großfrüchtigen Kiwis am Strauch nicht reif – man erntet sie so spät wie möglich, auf jeden Fall aber vor den Frösten, und lässt sie im Keller bis etwa Mitte Dezember nachreifen.

Kiwi *Actinidia deliciosa*

Sommerschnitt:
Die meterlangen Seitentriebe werden sechs bis sieben Blätter nach der letzten Frucht gekappt, schräg wachsende Zweige völlig entfernt.

Infobox

Schnittziel:
Förderung des Fruchtansatzes; lichte Pflanzen; viel Licht für die Früchte
Schnittzeitpunkt:
Im Sommer und im Winter
Schnitthäufigkeit:
Jedes Jahr zweimal

Aromatische Früchte wie im Schlaraffenland

Der optimale Standort für Kiwis ist eine warme, sonnige Südwand, die auch im Herbst am Abend noch gespeicherte Wärme abstrahlt. Damit die Exoten dort nicht all ihre Kraft in meterlange Triebe senden, werden diese mit einem beherzten Schnitt eingekürzt. Aber Vorsicht: Es gibt männliche und weibliche Pflanzen, die es beim Schnitt zu unterscheiden gilt. Selbstfruchtende Sorten werden wie die weiblichen Sorten geschnitten.

Bei den weiblichen Pflanzen, bei denen die Früchte an den waagerechten Seitenarmen hängen. werden die Triebe mit Fruchtansätzen sechs bis sieben Blätter nach dem Fruchtansatz gekappt, Zweige ohne Früchte auf fünf Blätter eingekürzt. Wächst die Kiwi an einem Spalier, dann sollte man pro Etage zwei kräftige Seitentriebe wachsen lassen, alle weiteren Triebe werden am besten entfernt. Die männlichen Bestäuber haben nach der Blüte ihre Funktion erfüllt. Man kürzt ihre Triebe dann auf 1 m Länge ein.

Empfehlenswerte Wein-Sorten für den Hausgarten: ‘Boskoop Glory’ für raue Klimazonen, ‘Muscat bleu’ für feuchte Regionen, ‘Regent’ färbt das Laub im Herbst intensiv, ‘Birstaler Muskat’ reift über einen langen Zeitraum.

Weinrebe *Vitis vinifera*

Winzer-Spalier:
Im Winter zwei Jungtriebe unten waagrecht binden, alle anderen entfernen. Dann sprießen senkrechte Fruchtruten.

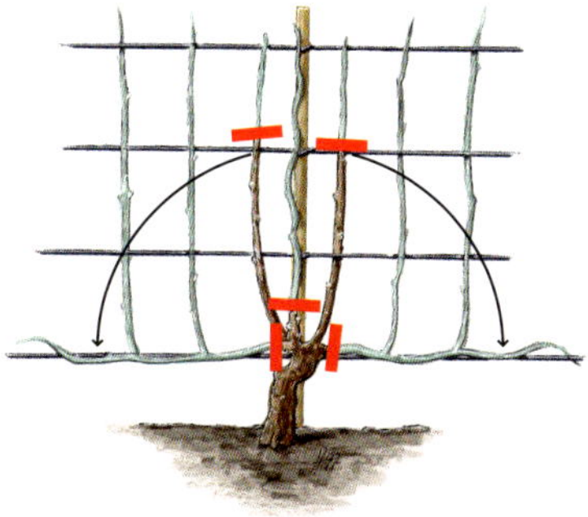

Pflanzjahr

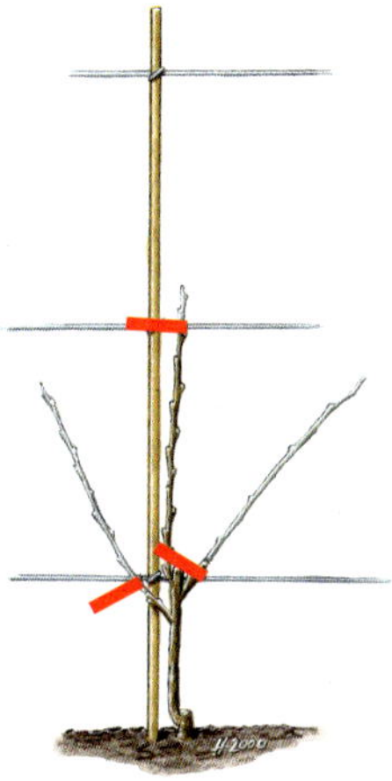

2. Jahr

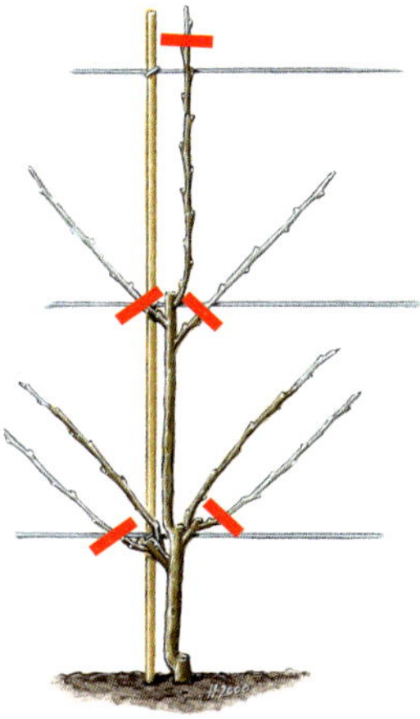

3. Jahr

Infobox

Schnittziel:
Zuerst Erziehung eines Grundgerüsts (Spalier); später Bildung von Fruchtholz
Schnittzeitpunkt:
Hauptschnitt im Winter, gering im Sommer
Schnitthäufigkeit:
Zweimal im Jahr

Großer Spaß: die eigene Weinlese

Wer den Weinstock von Anfang an richtig erzieht, wird mit reichlich Trauben belohnt. Optimal wächst und gedeiht die Weinrebe an einem Drahtspalier an einer warmen Hauswand. Man lässt den Weinstock die ersten Jahre nicht fruchten, da die dünnen Triebe die schweren Trauben nicht halten könnten. Erst im dritten Jahr fördert man die Fruchtbildung. Daher gelten für die ersten Jahre andere Regeln als später für den Fruchtschnitt. Im ersten Jahr lässt man den Haupttrieb stehen und hält die Seitentriebe kurz. Im Winter wird der Haupttrieb über dem ersten quer gespannten Draht des Spaliers oberhalb einer kräftigen Knospe gekappt. Auch im zweiten Sommer darf der Haupttrieb senkrecht und ungekürzt wachsen, die Seitentriebe werden eingekürzt. Erst im Winter wird der Haupttrieb abermals um zwei Drittel gekappt, ebenso die Seitentriebe bis auf ein bis zwei Knospen. Pro Jahr erzieht man so eine neue Etage des Spaliers heran. Wenn das Grundgerüst dann fertig ist, lässt man die Rebe Trauben tragen.

Der Fruchtschnitt konzentriert sich auf die Seitentriebe, die im Frühjahr am Grundgerüst wachsen. Diese werden Anfang Juni waagerecht gebunden und wenig später zwei Blätter hinter der Blüte gekappt. Im Winter schneidet man sie auf kurze Stummel mit ein bis zwei Augen zurück. An diesen Stummeln treiben im nächsten Frühjahr dann wieder neue Fruchttriebe.

PRAXIS – Kletterpflanzen

Ideale Voraussetzungen für Kletterer: stabile Gerüste und artgerechte Kletterhilfen

Ob Schlinger, Ranker, Spreizklimmer oder echte Kletterer – nur wer die Klettermethoden der Pflanzen kennt und die richtige Kletterhilfe auswählt, hat tatsächlich jahrelang Freude an den wuchsstarken Himmelsstürmern.
Wurzelkletterer wie der Efeu *(Hedera helix)* bilden kleine Haftwurzeln, mit denen sie sich an senkrechten Hauswänden genauso wie am Stamm von Bäumen festhalten können und so enormen Stürmen trotzen. Dagegen zählen Kletterrosen zur Gruppe der **Spreizklimmer** und brauchen ein Gerüst, an dem sie sich mit ihren Dornen festhaken können. Anfangs sollte man ihre Triebe an dem Klettergerüst fixieren.
Clematis zählen zu den **Rankern**, die sich mit ihren Blattstielen um jede Stütze wickeln, am liebsten um feine Drähte oder Triebe anderer Pflanzen. In der Natur überziehen Waldreben meterhohe Nadelbäume ohne Mühe – und brauchen keinerlei zusätzlichen Halt. Glyzinen schlingen ihre Triebe um alles, was sie berühren. Anfangs hilft es den **Schlingern**, wenn man ihre Fühler aufleitet und in die gewünschte Richtung lenkt.

Wichtige Regeln in Kürze

Schlinger und Ranker brauchen **Spaliere**, **Drahtgerüste** oder **Netze**, an denen sie hochklettern können. Die Triebe dieser Pflanzen werden, solange sie noch weich sind, vorsichtig um die Kletterhilfen gelegt und in die gewünschte Richtung gelenkt. Neue Triebe müssen regelmäßig festgebunden werden. Das gilt besonders für langtriebige Pflanzen wie den Winter-Jasmin. Dabei ist zu beachten, dass waagerecht geführte Triebe deutlich mehr Blüten tragen als senkrecht wachsende. Fixieren Sie Kletterrosen mit Schlaufen in 8er-Form. So können die Triebe im Umfang zunehmen, ohne sich am Gerüst zu reiben.
Für alle fixierten Kletterpflanzen gilt: Überprüfen Sie regelmäßig, ob die Schlaufen ins Holz schnüren und ersetzt werden müssen. Und: Im Frühjahr brauchen alle Kletterpflanzen einen organischen Dünger, den man bei trockener Witterung gründlich einwässert.

Frühjahrsblühende Berg-Waldreben klettern in kurzer Zeit an Wandspalieren einige Meter hoch.

Unter dem Blätterdach einer Weinpergola genießt man einen wunderschönen lichten Schatten und kann im Herbst auch noch davon ernten.

Blattstiel-Ranker wie Clematis wickeln ihre Ranken am liebsten um feine Drähte und trotzen so auch heftigen Herbststürmen.

Pergolen und Bögen

- An Pergolen und Dachgerüste sollte man nur stark wachsende Arten wie Weinreben, Glyzinen oder Kiwi pflanzen. Nur dann kommen Sie bald in den Genuss des sanften Schattens unter dem dichten Blätterdach. Schnell wachsen auch die Pfeifenwinde *(Aristolochia spec.)* oder der Knöterich.
- Besonders viel Freude bereiten Arten wie Kiwi oder Weinreben, deren Früchte im Herbst an den Seitentrieben zwischen den Blättern baumeln.
- In den ersten Jahren leitet man die Kletterpflanzen spiralförmig um die Pfosten, um ein gut blühendes Gerüst aus Trieben zu erhalten.
- An Bögen mit netzartig gespannten Drähten haben die Triebe der Kletterpflanzen den besten Halt. Überlange Triebe, die in den Durchgang hineinwachsen, sollte man regelmäßig in das Drahtgerüst einflechten oder abschneiden, damit sie nicht den Weg versperren.
- Kombinieren Sie Kletterrosen mit Clematis oder einjährigen, krautigen Schlingern wie Kapuzinerkresse oder Feuerbohnen. Auf diese Art kaschieren Sie die oftmals von unten her verkahlenden Triebe der Kletterrosen.

Stauden

Nach einem gezielten Rückschnitt direkt nach dem ersten Flor blühen viele Stauden länger oder gar ein zweites Mal. Setzen Sie daher ruhig beherzt die Schere an – dann werden Sie mit einer zweiten Blüte oder zumindest mit frischen, jungen Blättern bis spät in den Herbst belohnt. Danach lässt man die Schere ruhen und erfreut sich am Fruchtschmuck.

Mit samtig-grünen Blättern und schwefelgelben Blütenrispen schmückt der Frauenmantel die Beete – mit seinen 30 cm hohen, kompakten Horsten ist er ein idealer Vertreter für die erste Reihe im Staudenbeet.

Frauenmantel *Alchemilla mollis*

Mit einer Garten- oder Heckenschere lässt sich der Frauenmantel im Handumdrehen kappen.

Infobox

Schnittziel:
Frischer Blattaustrieb
Zeitpunkt:
Direkt nach der Blüte
Pflege:
Düngen und Wässern

Pflegeleichter Klassiker zu Rosen

Ab Mitte Mai schäumen seine schwefelgelben Blütenwolken förmlich aus den Beeten heraus, doch nach der Blüte werden die Rispen bräunlich und die Blätter allmählich unschön. Wenn Sie bereits beim Abblühen sowohl die Blüten- wie die Blatttriebe 5–10 cm über dem Boden abschneiden, sprießen binnen eines Monats neue, saftig grüne Blätter, die bis zum Frost kerngesund aussehen – und Sie verhindern unmäßiges Aussamen. Zwei bis drei Wochen danach erscheinen neue, wenn auch nur wenige Blüten. Doch die frischgrünen Blatthorste schmücken die Beete über die ersten Frostnächte hinaus. Wenn der Frost die Pflanzen schwarz verfärbt hat, sollte man die Stängel ca. 20 cm über dem Boden kappen.

EXTRA: Ein Nachblüteschnitt lässt auch bei folgenden Arten frische Blätter sprießen: Prachtscharte *(Liatris spicata)*, Felberich *(Lysimachia punctata)*, Gelenkblume *(Physostegia virginiana)*. Bei den Indianernesseln *(Monarda-Hybriden)* schützt man die Pflanzen so vor allzu starkem Mehltaubefall.

Ob dicht an dicht in langen Reihen, am Fuße von Strauch- oder Stammrosen – Katzenminzen begeistern mit ihren leuchtenden Blütenrispen und kräftigem Wuchs. Hier die hochwüchsige Sorte ‘Six Hills Giant’.

Katzenminze *Nepeta × faassenii*

Mit einer Heckenschere lassen sich Katzenminzen bequem und schnell kappen.

Infobox

Schnittziel:
Zweite Blüte
Zeitpunkt:
Direkt nach der Blüte
Pflege:
Düngen und Wässern

Auflockerung für das Rosenbeet

Die blauen Blütenwolken der Katzenminze umschmeicheln nackte Rosenbeine genauso wie harte Steinkanten von Gartenwegen oder Terrassenbelägen – wegen ihrer Vielseitigkeit sollte die Staude in keinem sonnigen Garten fehlen. Damit nach dem ersten Blütenrausch Anfang Juli nicht alles vorbei ist, wird die Katzenminze zurückgeschnitten und zum Remontieren (Zweitblüte) angeregt. Kappen Sie dazu alle Triebe eine Handbreit über dem Boden. Wem das zu rabiat ist, der kann auch die einzelnen verblühten Rispen herausschneiden – eine Geduldsarbeit, die aber ebenfalls zu einem zweiten, prächtigen Blütenflor führt. Nach dem Totalrückschnitt blühen die Katzenminze nach circa sechs Wochen nochmal nach.

EXTRA: Auch der Feinstrahl bzw. das Berufkraut *(Erigeron*-Hybriden) blüht nach einem Remontierschnitt ein zweites Mal im Spätsommer.

Steht der Phlox wie in seiner nordamerikanischen Heimat auf nährstoffreichen Lehmböden, die etwas Feuchtigkeit speichern können, entwickelt er sich prächtig. Bei Trockenheit ist die Staude anfällig für Mehltau.

Phlox, Flammenblume *Phlox*-Paniculata-Hybriden

Schneiden Sie kurz nach der Vollblüte die Hauptrispe in der Mitte bis zur ersten Verzweigung des Blütenstiels zurück. Vor allem bei stärker verzweigten Pflanzen kommt man mit einer feinen Kräuter- oder Sommerschere noch leichter an die Blütentriebe als mit der hier gezeigten Rosenschere.

Landlust in schillernden Farben

Zur Blütezeit schillern die Blütenrispen des Phlox in den schönsten Farbtönen – vorausgesetzt er steht auf einem nährstoffhaltigen, eher frischen bis feuchten Boden. Trockenheit quittiert er mit kümmerlichem Wuchs und lästigem Mehltau auf den Blättern.
Die prächtige Staude des Bauerngartens blüht deutlich länger, wenn Sie regelmäßig die verblühte Hauptrispe entfernen, denn sie kostet die Pflanzen unnötig Kraft. Durch das Kappen der verblühten Hauptrispe fließt aller Pflanzensaft in die bereits angelegten, aber schlummernden Nebenknospen. Seien Sie dabei sehr vorsichtig, damit die Nebenknospen nicht verletzt werden. Ein zweites Mal Düngen mit organisch-mineralischem Dünger und reichliches Wässern bei Trockenheit garantieren eine lange Blütezeit.

EXTRA: Auch **Ochsenauge**, **Margeriten** und **Sonnenbraut** danken ein Ausschneiden welker Blüten mit spürbar längerer Blütezeit.

Infobox

Schnittziel:
Verlängerung der Blütezeit
Zeitpunkt:
Direkt nach der Blüte der Hauptrispe
Pflege:
Düngen und Wässern bei Trockenheit

Die Leuchtkraft seiner blauen Blüten macht den Rittersporn so beliebt. Damit sich die Prachtstaude tadellos entwickelt, braucht sie nährstoffreiche Böden und ihr Austrieb im Frühjahr Schutz vor Schneckenfraß.

Rittersporn *Delphinium*-Hybriden

Geschnitten wird mit einer scharfen Gartenschere, und zwar alle Stängel 5–15 cm über dem Boden. Nach dem Schnitt düngen und wässern.

Beliebte Leitstaude in Blautönen

Ein kompletter Rückschnitt direkt nach der Blüte bewirkt beim Rittersporn einen zweiten Blütenflor. Dazu schneidet man die Blütenstängel und die Blätter eine Handbreit über dem Boden ab. Um die Bildung neuer Blätter und Blüten zu fördern, verteilt man einen organisch-mineralischen Staudendünger rund um die abgeschnittenen Horste und gießt sie bei Trockenheit kräftig. Sobald die Basisknospen neu zu treiben beginnen und erste grüne Blättchen sprießen, muss man diese unbedingt vor Schneckenfraß schützen. Gärtner bezeichnen diesen Totalrückschnitt als Remontierschnitt. Der Grund: Der Rittersporn blüht ein zweites Mal, er remontiert.

Wie schnell die Stauden wieder zu blühen beginnen, hängt vom Standort, vom Wetter aber auch von der Sorte ab. So remontiert ‘Sommernachtstraum’ schon nach vier Wochen und ‘Völkerfrieden’ nach fünf bis sechs. ‘Finsteraarhorn’ braucht dagegen sechs bis sieben Wochen.

Infobox

Schnittziel:
Zweite Blüte
Zeitpunkt:
Direkt nach der Blüte
Pflege:
Düngen und Wässern

Bei Spornblumen öffnen sich an den etagenförmigen Blütenrispen wochenlang oben an der Spitze stets neue Blütenknospen, zugleich reifen unterhalb die Samen. Wer nicht möchte, dass sich die Spornblume versamt, muss Verblühtes kappen.

Spornblume *Centranthus ruber*
und andere kurzlebige Stauden

Infobox

Schnittziel:
Bildung neuer Knospen fürs nächste Jahr (Bestockung)
Zeitpunkt:
Oktober
Pflege:
Bei Frost mit Fichtenreisig abdecken

Unkomplizierte Leichtigkeit

Damit Spornblumen viele Jahre üppig blühen und sich nicht schon im ersten oder zweiten Jahr verausgaben, werden sie im Oktober um zwei Drittel zurückgeschnitten. Dies fördert die Bildung neuer Triebknospen für das nächste Jahr. Während der Blütezeit fehlt den Stauden dazu die Kraft. Gärtner sprechen bei diesem Vorgang davon, dass sich die Pflanzen noch mal »bestocken« und so insgesamt kräftiger und langlebiger werden.

EXTRA: Dieses Prinzip gilt auch für Mädchenauge *(Coreopsis verticillata)*, Garten-Margeriten *(Chrysanthemum × grandiflorum)* und Kokardenblume *Gaillardia × grandiflora*, (siehe Bild rechts).

Das Lampenputzergras zählt zu den schönsten Ziergräsern im Staudenbeet. Seine unzähligen feinen Blätter bilden einen kompakten Horst, im Spätsommer tauchen dazwischen die dekorativen Blüten mit langen Grannen auf.

Lampenputzergras *Pennisetum alopecuroides* und andere Gräser

Infobox

Schnittziel:
Runde, kompakte Horste; Platz für Neuaustrieb
Zeitpunkt:
Frühjahr vor dem Austrieb
Pflege:
Rasendünger zufügen

Dekorative Gräser rund ums Jahr

Alle Gräser, die im Frühjahr langsam mit dem Wachstum beginnen und spät im Sommer blühen, wirken im Winter eindrucksvoll – vor allem bei Raureif und leichtem Schnee. Das gilt für die Rutenhirse *(Panicum virgatum)* und das Lampenputzergras *(Pennisetum alopecuroides)* genauso wie für die vielen Sorten des Chinaschilfs *(Miscanthus sinensis)*, für das Reitgras *(Calamagrostis × acutiflora)*, die Rasen-Schmiele *(Deschampsia cespitosa)* und das Diamantgras *(Calamagrostis brachytricha)*.
Der Rückschnitt erfolgt erst im Frühjahr – allerdings bevor das Gras neu austreibt. Setzen Sie dabei die Schere so an, dass eine halbkugelige Form entsteht. Damit sorgen Sie dafür, dass das Gras das ganze Jahr über eine kompakte, halbkugelige Silouette behält.

Winterschutz für nässeempfindliche Gräser

Pampasgras *(Cortaderia selloana)* und andere Gräser aus Regionen mit trockenen Wintern vertragen keine Winternässe. Bei sehr viel Regen im Winter können die Pflanzen verfaulen. Um dies zu verhindern, bindet man den Blattschopf im oberen Drittel zusammen. Die Blütenstiele werden erst im folgenden Frühjahr gekappt.

PRAXIS – Stauden schneiden

Rückschnitt im Herbst

Generell gilt: Vermeiden Sie im Herbst einen Großputz im Staudenbeet, denn danach wirken sie leer gefegt und bieten den Winter über ein trostloses Bild. Das Bedürfnis nach allzu viel Ordnung sollte bei der Pflege der Staudenbeete eher hinten anstehen. Genießen Sie vielmehr die Schönheit und die Raffinesse vertrockneter Blütenreste, Fruchtstände und Gräserrispen im Winter – sie verwandeln sich bei Raureif oder mit leichter Schneedecke zu kleinen Kunstwerken.

Auch wenn Herbststürme die Horste zerzausen: Lassen Sie die »Unordnung«! Krautreste bilden eine lockere Decke für Knospen am und im Boden und schützen so die empfindlichen Pflanzenherzen.

Besonders wertvoll sind Sonnenhut (*Rudbeckia*), Ballonblume (*Physalis alkekengi*), Mannstreu (*Eryngium*), Strandflieder (*Limonium*), Kugeldistel (*Echinops*) oder Gräser wie Chinaschilf (*Miscanthus sinensis*) und Rutenhirse (*Panicum virgatum*): Vögel freuen sich über die Samen und picken sie den ganzen Winter über fleißig von noch so dünnen Stängeln. Im Frühjahr holen sie von den Gräsern einzelne Flocken für den Nestbau. Insekten überwintern in den vertrockneten Stängeln der Stauden.

Nach der Blüte bilden Wildstauden häufig wunderschöne Fruchtstände, die auch im Herbst und Winter die Beete zieren. Besonders dekorativ bei Frost, Raureif oder im Morgentau sind Kugeldisteln (siehe Bild) oder die Wilde Karde.

Damit es leichter geht

Doch alle Stauden, deren Blätter schnell faulen und schimmeln, sollte man sehr wohl im Herbst zurückschneiden. So blühen etwa bis zum ersten Frost die Kissenastern *(Aster-*Dumosus-Hybriden) unermüdlich in den schönsten Farben - doch nach der ersten strengen Frostnacht färben sich ihre Blätter schwarz und schon nach kurzer Zeit beginnen sie zu faulen. Der Frost zerstört die Zellen der Blätter und Blüten. Deshalb schneidet man diese Stauden sofort nach dem Frost flach über dem Boden ab.
Auch die Blätter von Taglilie *(Hemerocallis-*Hybriden), Montbretie *(Crocosmia-*Arten), Schwertlilie *(Iris-*Arten), Flockenblume *(Centaurea-*Arten), Storchschnabel *(Geranium-*Arten) und Frauenmantel *(Alchemilla mollis)* werden nach dem Frost matschig und lassen sich dann nur mit großer Mühe entfernen. Greifen Sie bei einzelnen Pflanzen zur Rosenschere, bei größeren Horsten oder größeren Flächen (Bodendecker) aber besser zur scharfen Heckenschere. Das geht weitaus besser. Durch den Rückschnitt sofort nach dem Frost schützt man die in der Erde liegenden Herzen der Stauden vor Fäulnis und Schaderreger. Diese könnten leicht über die vom Frost geschädigten Pflanzenteile eindringen.

Selbstaussaat verhindern

Manche Stauden, vor allem Wildarten, bilden oftmals so viele Samen, dass ihre Sämlinge durchaus lästig werden können. Außerdem neigen sie dazu, andere - wertvolle - Arten zu verdrängen. Goldrute *(Solidago-*Hybriden), Telekie *(Telekia speciosa)*, Königskerze *(Verbascum-*Arten), Nachtkerze *(Oenothera speciosa)*, Zitronenmelisse *(Melissa officinalis)* und Frauenmantel *(Alchemilla mollis)* sollten deshalb nach der Blüte, aber unbedingt bevor ihr Samen reif ist, abgeschnitten werden.

Binden Sie empfindliche Gräser zusammen. So schützt man sie vor allzu viel Winternässe im Inneren.

Winterschutz für Nässe empfindliche Stauden

Arten aus Steppengebieten mit trockenen Wintern wie Fackel- *(Kniphofia-*Hybriden) und Palmlilie *(Yucca-*Arten) brauchen im Winter Schutz vor zu viel Nässe. Man bindet am besten die Blätter im oberen Drittel zusammen. So kann kein Wasser direkt ins Pflanzenherz laufen, sondern perlt außen an den linearen Blättern ab.
Die abgeblühten Triebe bilden über den Winter bei Raureif oder leichtem Schnee oft wunderschöne Skulpuren und sollten erst im Frühjahr nach dem Frost entfernt werden.

Gutes Werkzeug für den Schnitt

Mit scharfen Klingen, bissigen Sägen und kräftigen Astscheren geht der Schnitt leicht von der Hand. Dank Teleskopwerkzeug erreichen Sie auf festem Boden jeden Zweig in der Höhe. Akkugeräte schonen die Kräfte und machen den Heckenschnitt zum Vergnügen. Für jeden Schnitt gibt es also das richtige Werkzeug – das Angebot ist groß.

Gartenscheren – die Allrounder unter den Schnittigen

Gartenscheren sind die Allrounder im Alltag eines Gärtners. Kaufen Sie sie deshalb mit Bedacht und prüfen Sie schon im Laden, ob die Schere gut in Ihrer Hand liegt und sich gut bedienen lässt. Kaum ein anderes Gerät nimmt man so häufig in die Hand. Man kürzt mit ihr verblühte Rosen, verwelkte, weiche Blumen und auch den einen oder anderen Zweig, der störend in den Gartenweg ragt.

Moderne Gartenscheren bieten viel Komfort und scharfe, auswechselbare Klingen.
Oben: eine schnittgenaue Bypass-Schere.
Unten: Amboss-Scheren ermöglichen robusten, kräftigen Schnitt (Wolf).

Bei Gartenscheren gibt es zwei Schneideprinzipien: Bypass- und Amboss-Scheren

- **Präzise Bypass-Schere**
  Beim Schnitt von Obstgehölzen, Rosen und weichen Staudenstängeln sind scharfe Klingen erforderlich, die das Gewebe nicht quetschen. Dafür eignen sich die Bypass-Scheren am besten. Klinge und Gegenklinge sind scharf geschliffen und begegnen sich beim Schneidevorgang. Bei hartem Holz können sich allerdings die Klingen auseinanderbiegen und verkanten. Diese Gefahr besteht bei Amboss-Scheren nicht.

- **Kräftige Amboss-Schere**
  Wenn es nicht auf die höchste Schnittgüte ankommt, sondern totes Holz geschnitten wird und viel Kraft notwendig ist, dann sind Amboss-Scheren die richtigen. Diese Scheren haben nur eine Klinge, die auf ein stumpfes Widerlager, den Amboss, trifft. Dabei wird das Holz wie im Zeitlupentempo von einer scharfen Axt zerteilt – meist splittert das Holz. Dadurch können an der Schnittstelle Eintrittspforten für Krankheitserreger entstehen!

Oft genug aber kappt man mit ihr auch einen Blumendraht. Vergisst man nach getaner Arbeit das gute Stück im Garten, soll sie dann einen Regenguss möglichst ohne Rostflecken überstehen soll. Jede Menge Anforderungen also!
Stumpfe, ausgeleierte Scheren sind gefährlich und rauben dem Gärtner unnötig Kraft. Bringen Sie sie vor der Arbeit im Garten wieder in Ordnung. Doch Schleifen und Schärfen ist nur sinnvoll, wenn die **Klingen aus geschmiedetem Stahl** sind und sich überhaupt nachschleifen lassen. Das trifft meist nur für Profigeräte zu. Dagegen sind die Scheren für Hobbygärtner oft mit harten, **teflonbeschich-**

Felco Nr. 2 – der Klassiker, seit 40 Jahren bewährt. Heute Spitze: Nr. 7 mit Rollgriff (rechts).

Komfortabel und leicht ist diese ergonomisch geformte Gartenschere (Fiskars).

teten Messern ausgestattet. Die Vorteile liegen auf der Hand: Sie rosten und verkleben nicht und halten lange ihre Schärfe. Doch der Nachteil: Sie lassen sich nicht nachschleifen. Sind die Scheren stumpf, bleibt nur das Wegwerfen!

Qualitativ hochwertige **Profischeren**, wie etwa die weltweit geschätzte Felco-Schere, bieten dagegen Klingen aus bestem Scherenstahl, die man jederzeit nachschleifen und bei Bedarf auch austauschen kann. Jedes Teil an diesen hochwertigen Scheren ist austauschbar. Diese Profischeren sind zwar teuer, doch man hat an ihnen ein ganzes Leben lang seine Freude.

Mit der filigranen Sommerschere kann man leicht dünne Triebspitzen kappen (Ward).

Checkliste für Gartenscheren

- **Griffweite:** Nicht jede Schere passt in jede Hand! Daher gibt es für Frauen und Männer unterschiedliche Modelle. Lässt sich der untere Griffschenkel nur mit den Fingerspitzen angeln, ist die Schere zu groß und Blasen sind vorprogrammiert. Dagegen sollten Gärtner mit großen Händen prüfen, ob sich womöglich beim Schließen der Schere die Fingernägel in den Handballen drücken. Moderne komfortable Scheren verfügen über eine Ein-Hand-Griffweitenverstellung für besonders kleine oder große Hände.
- **Linkshänder** brauchen eine andere Schere als Rechtshänder.
- **Rollgriffe** bieten ein enorm komfortables Schneidegefühl und sie verhindern Blasen. Sie sparen bis zu 30 Prozent Kraft.
- Gibt es **Ersatzteile** für die Schere?
- Welche **Schnitttechnik** hat die Schere: das schonende Bypass- oder das robuste Ambossprinzip (siehe Kasten oben links).
- **Klingen:** Sind sie antihaftbeschichtet, damit sie nicht durch Pflanzensaft verkleben können? Oder gibt es eine Saftrille? Sind die Messer präzisionsgeschliffen? Praktisch ist ein integrierter Drahtabschneider.
- **Arretierung:** Offene Scheren sind eine Gefahr – auf dem Tisch wie in der Hosentasche. Prüfen Sie, ob man die Schere mit einer Hand leicht schließen und öffnen kann.

Heckenscheren

Manuelle Heckenscheren

Für niedrige und nur einige Meter lange Heckenwälle sind Hand-Heckenscheren optimal. Für alle, die stark wachsende Heckengehölze wie Feldahorn oder Weißdorn nur einmal oder spät schneiden wollen, leisten Profischeren gute Dienste.

Doch das Angebot an **Hand-Heckenscheren** beinhaltet eine enorme Bandbreite an Modellen. Neben dem Gewicht, der Güte des Stahls und den technischen Raffinessen ist auch die Form der Klingen ein Unterscheidungskriterium. Anstatt gezähnter Klingen sorgen bei vielen Modellen Klingen mit Wellenschliff dafür, dass auch kräftige Äste nicht zum Problem werden.

Bei anderen Geräten reduzieren ausgeklügelte Hebel- oder Getriebemechanismen den notwendigen Kraftaufwand erheblich. So bietet die manuelle **Getriebe-Heckenschere** (von Fiskars) durch ihren einzigartigen Mechanismus die 3,5-fache Schneidleistung gegenüber einfacher Hebelübersetzung.

Ausziehbare Griffe machen das Trimmen auch von schwer zugänglichen Heckenpartien möglich. Je länger die Griffe, desto wichtiger ist allerdings, dass es leichte Alurohre sind. Leichtgewichte unter den Scheren sind kräftige Geräte mit Klingen aus Stahl und Armen aus glasfaserverstärktem Polyamid. Sie bringen lediglich knapp über 600 g auf die Waage.

Checkliste für Hand-Heckenscheren

- Gewicht
- Länge und Zahnung der Klinge, mit Wellenschliff oder geschwungen
- Getriebemechanismus
- Güte des Scherenstahls
- Technische Raffinessen
- Ersatzteile: austauschbare Klingen, Amboss und Getriebe

Mit scharfen, langen Klingen lässt sich jede Koniferenhecke fein und akkurat trimmen.

Für meterlange Hecken greift man im Hausgarten am besten zu Elektro-Heckenscheren (Bosch).

Elektroscheren für leichtes Arbeiten

Um viele Meter lange Hecken zu schneiden, greift man besser zu elektrischen Heckenscheren. Wichtige Kriterien für die Wahl des Geräts ist in erster Linie die **Leistungsstärke des Motors**, optimal sind 400 bis 500 W.
Achten Sie auf die **Messer**! Diese sollten gehärtet, vibrationsarm und gegenläufig sein. Hochwertige Scheren verfügen über lasergeschnittene Messer mit Spezialschliff. Gegenläufig arbeitende Messer sorgen für einen ruhigen, vibrationsarmen Lauf. Ein Zackenschliff hält die Äste fest. Die Messerlänge für Hecken sollte etwa 23 cm oder länger sein, kürzere Messer eignen sich gut für filigrane Buchsfiguren.
Aber auch das **Gewicht** sollte unbedingt beachtet werden. Es gibt Geräte, die bei möglichst großer Messerlänge nur wenige Kilo auf die Waage bringen. 3,3 kg bei 54 cm Schnittlänge ist ein gutes Verhältnis.
Sehr praktisch beim Schneiden ist es, wenn man die Messer **abwinkeln** und in verschiedenen Positionen fixieren kann. Diese Funktion erspart lästiges Umgreifen oder Verdrehen des Oberkörpers. Ein Antiblockiersystem schützt die Messer und gehört heute zur Basisausstattung jeder hochwertigen Heckenschere.
Außerdem sollte die Schere unbedingt einen **Sicherheitsanschlag** zum Schutz der Messer, des Motors und des Getriebes haben – ein **Messerblockiersystem**, das innerhalb kürzester Zeit die Messer stoppt, wenn man eine Hand vom Bedienknopf loslässt. Ein **Messerköcher** sorgt für eine sichere Aufbewahrung im Gartenschuppen.
Ganz wichtig und äußerst praktisch für das Arbeiten mit der Elektroschere sind ein langes, komfortables Anschlusskabel und ein kleiner **Kabel-Clip**, der im Fachhandel angeboten wird. Mit seiner Hilfe können Sie das Kabel am Gürtel fixieren. Das verringert die Stolper- und Unfallgefahr erheblich.
Bei nicht allzu langen Heckenwällen ist ein **Akkugerät** die bequemere Lösung. Damit haben Sie die größte Bewegungsfreiheit und brauchen keinen Stromanschluss.

Je leichter eine Astschere ist, desto komfortabler wird das Über-Kopf-Arbeiten (Fiskars).

Aus dem sicheren Stand lässt sich mit einer Teleskopschere auch in schwindelerregender Höhe akkurat und sauber schneiden (Ward).

Astscheren und Baumsägen

Dicke Äste erfordern kräftige Astscheren mit harten Klingen und ausgeklügeltem Gestänge. Noch dickere durchtrennt man besser mit scharfen Sägen. Hoch oben im Baum agieren Sie besser vom sicheren Boden aus – mit Teleskopwerkzeugen.

Astscheren

Astscheren müssen enormen Hebelkräften Stand halten. Deshalb sollten sie präzisionsgeschliffen, robust und kraftvoll sowie von höchster Qualität sein. Amboss-Scheren eignen sich besonders für dicke Äste bis zu etwa 5 cm Durchmesser. Doch damit die Arbeit im Geäst nicht zum Gewichtheben wird, achten Sie am besten schon beim Kauf der Werkzeuge auf deren Eigengewicht.
Astscheren sollten leicht und handlich sein. Modelle mit Griffen aus Aluminium und Weichkunststoffkomponenten liegen angenehm leicht in der Hand.

Ob nun die Schere ein Getriebe hat, über doppelte Hebelübersetzung verfügt oder sonstige Raffinessen bietet: Entscheidend ist, wie dick die Äste sind und wie viel Raum zum Öffnen der Hebelarme im Geäst vorhanden ist. Die Auswahl an Geräten ist groß. Die Werkzeughersteller optimieren ihre Modelle konstant durch Neuentwicklungen, um das Schneiden dicker Äste komfortabler zu machen. Von diesen Komponenten seien nur einige genannt: geneigter Schneidekopf, hakenförmige Gegenklinge, ergonomisch geformte Griffe mit Gel-Pads, Getriebetechnik für eine erhebliche Kraftersparnis und Scheren mit doppelter Hebelübersetzung sowie Modelle mit verstellbarem, zweistufigem Getriebe. Ganz aktuell sind Geräte mit leicht gängigem Kunststoffgetriebe. Laut Herstellerangaben können Sie mit all dieser Technik Ihre Schneidkraft verdoppeln!
Müssen Äste in Baumkronen gekappt werden, leisten **Teleskopscheren** sehr gute Dienste. Je nach Modell lassen sich die Stiele stufenlos auf bis zu 4 m verlängern. Damit können – die Körpergröße eingerechnet – Baumkronen in über 6 m Höhe bearbeitet werden, und das

Mit einer Teleskop-Baumsäge erreicht man aus sicherem Stand Äste in Baumkronen (Wolf).

Eine Formschnittschere mit Akku erleichtert das Trimmen von Buchsbaum & Co. (Gardena).

ohne allzu große Anstrengung. Denn je nach Konstruktion reicht dank verstärkender Getriebeübersetzung oft schon ein leichtes Ziehen an der Ziehhülse, und schon fällt das Schnittgut mühelos zu Boden. Das Zugband sollte aber unbedingt innen im Stiel verlaufen, dann kann es sich nicht im Astdschungel verheddern und verhaken.
Besonders praktisch ist es, wenn der Schnittwinkel bereits vom Boden aus auf die Wuchsrichtung der Zweige eingestellt werden kann. Ein geneigter Schneidkopf erlaubt während der Arbeit eine freie Sicht auf die Messer. Diese sollten unbedingt scharf und hart sein, ein Präzisionsschliff garantiert einen exakten Schnitt. Damit die Überkopfarbeit auch nach einigen Minuten nicht zu mühsam wird, sollten die Stiele aus leichtem Material sein, optimal ist Aluminium. Im Handel gibt es Teleskopastschneider mit einer Reichweite von 3,50 m und einem Leichtgewicht von 870 g!

Damit Sie lange Freude an Scheren und Sägen haben, sollte man sie nach jedem Arbeiten säubern und ölen.

Baumsägen

Leichtgewichte gibt es auch unter den **Teleskopsägen**, die ja mit ihrer enormen Reichweite einen großen Aktionsradius bieten. Man findet im Handel Modelle mit einem Gesamtgewicht von nur 1030 g. Achten Sie auch bei den Sägen unbedingt auf die Qualität des Blatts. **Japanische Sägeblätter** gelten als die besten und haltbarsten. Sie schneiden effektiv und glatt, ohne festes Andrücken. Das ist vor allem bei Teleskopsägen enorm erleichternd, denn das Andrücken der Säge vom Boden aus über den langen Stiel erfordert sehr viel Muskelkraft.
Für Äste in Reichweite zieht man schneller eine **Klappsäge** aus der Jackentasche. Die kleinen Miniwerkzeuge gibt es mit enorm scharfen, bissigen Sägeblättern. Hartverchromte Sägeblätter mit lasergehärteten Zähnen bieten wohl eine unübertroffene Härte und Präzision.
Traditionell rückte der Obstbauer den Bäumen mit einer **Bügelsäge** zu Leibe. Je feiner die Zahnung, umso präziser wird der Schnitt. Besonders praktisch und empfehlenswert sind Baumsägen, deren Sägeblätter sich drehen lassen. Damit ist es möglich, in jede noch so steile Astgabel zu gelangen (z. B. von Freund Victoria).

EXTRA: Achten Sie darauf, ob es für die Säge Ersatzsägeblätter gibt. Dies ist ein Zeichen für hohe Qualität und lange Lebensdauer des Gerätes.

	Jan	Feb	März	Apr	Mai	Juni	Juli	Aug	Sep	Okt	Nov	Dez
STRÄUCHER & BÄUME												
Fächer-Ahorn						X	X	X				
Besenheide				X								
Blauraute			X	X								
Deutzie							X	X				
Felsenbirne	X	X	X		X							X
Fingerstrauch			X					X				
Flieder	X	X					M					X
Forsythie					X							
Ginster					E	A						
Hartriegel	X	X										X
Bauern-Hortensie					A							
Rispen-Hortensie				X	A							
Schneeball-Hortensie					A							
Blut-Johannisbeere					X	X						
Kolkwitzie						E	X					
Kugel-Ahorn	X											
Kugel-Robinie			X									
Lavendel			X	X			X	X				
Lorbeerkirsche			X	X								
Mandelbäumchen				E	X							
Perückenstrauch		X	X									
Pfeifenstrauch	X	X	X									X
Zierquitte				E	A							
Ranunkelstrauch	X	X	X		X							X
Rhododendron					X							
Schmetterlingsstrauch			X	X								
Schneeball, Gefüllter					X	X						
Spierstrauch			X						X			
Zier-Weide		X	X									
Hängekätzchen-Weide				X								
Weigelie		X	X					X				
ROSEN												
Beetrosen			X	X			X					
Edelrosen			X	X			X	X				
Einmalblühende Strauchrosen							X					
Öfterblühende Strauchrosen				X			X					
Wildrosen							X					
Bodendeckerrosen			X	X			X					

	Jan	Feb	März	Apr	Mai	Juni	Juli	Aug	Sep	Okt	Nov	Dez
Kletterrosen			X	X			X					
Ramblerrosen			X	X								
Hochstammrosen			X	X			X			X		
Zwergrosen			X	X			X					

HECKEN

	Jan	Feb	März	Apr	Mai	Juni	Juli	Aug	Sep	Okt	Nov	Dez
Berberitzen-Hecke				E	A		X	X				
Buchsbaum-Hecke				X	X	X						
Feldahorn-Hecke						A		X				
Hainbuchen-Hecke		X				X	X	X				
Liguster-Hecke				E	X	X	A					
Rotbuchen-Hecke		X				X	X	X				
Weißdorn-Hecke								X				
Eiben-Hecke						X	X	X				
Fichten-Hecke				X	X	X						
Scheinzypressen-Hecke				X	X	X	X	X	X			
Thujen-Hecke				X	X	X	X	X	X			

KLETTERPFLANZEN

	Jan	Feb	März	Apr	Mai	Juni	Juli	Aug	Sep	Okt	Nov	Dez
Clematis – Frühjahrsblüher					X							
Clematis – Großblumige Hybriden	X	X	X								X	X
Clematis – Viticella-Hybriden	X	X	A								X	X
Glyzine	X							X			X	X
Winter-Jasmin			X	X								
Kiwi	X						X	X			X	X
Weinrebe	X	X					X				X	X

STAUDEN

	Jan	Feb	März	Apr	Mai	Juni	Juli	Aug	Sep	Okt	Nov	Dez
Frauenmantel						X					X	
Katzenminze			X				X					
Phlox							X	X	X			
Rittersporn			X			X						
Spornblume										X		
Kurzlebige										X		
Gräser			E	M								

Legende

X = ganzer Monat A = Anfang des Monats M = Mitte des Monats E = Ende des Monats

Garten-Versandhandel

Dehner GmbH & Co. KG
Donauwörther Str. 5
86641 Rain am Lech
Tel.: 0 90 90 / 77 0
www.dehner.de

Gärtner Pötschke
Beuthener Str. 4
41561 Kaarst
Tel.: 0 18 05 / 86 11 00
www.gaertner-poetschke.de

Werkzeuge, Zubehör und Gartenbedarf im Versand

Freund Victoria Gartengeräte
Stuttgarter Str. 4
73614 Schorndorf
Tel.: 0 71 81 / 20 00 0
www.freund-victoria.de
(Obstbaumsäge)

Hesperiden
In der Schmalau 4
90427 Nürnberg
Tel.: 0 9 11 / 30 31 11
www.hesperiden.de
(Schafscheren)

Gartenbedarf-Versand
Richard Ward
Günztalstr. 22
87773 Markt Rettenbach
Tel.: 0 83 92 / 16 46
www.gartenbedarf-versand.de
(Buchsbaumschere, Barnel-Heckenschere, Staudensichel u.v.m.)

Hersteller von Schnittwerkzeug

Gartenscheren, Elektro- und Handheckenscheren, Astscheren sowie Baumsägen sind im Gartencenter oder im Baumarkt erhältlich.

Brill Gloria Haus- u. Gartengeräte
Därmannsbusch 7
58456 Witten
Tel.: 0 23 02 / 70 00
www.brill.de

Felco Deutschland
Ludwigsburger Str. 71
71691 Freiberg
Tel.: 0 71 41 / 68 57 57 5
www.felco.de

Fiskars Gartengeräte
Oststr. 23
32051 Herford
Tel.: 0 52 21 / 93 52 99
www.fiskars.com

Gardena
Hans-Lorenser-Str. 40
89079 Ulm
Tel.: 0 73 1 / 49 01 23
www.gardena.de

Andreas Stihl AG
Badstr. 115
71336 Waiblingen
Tel.: 0 71 51 / 26 0
www.stihl.de

Viking GmbH
Hans Peter Stihl-Str. 5
6336 Langkampfen/Kufstein
Österreich
Tel.: (00) 43 / 53 72 69 72 0
www.viking-garden.com

WOLF-Garten
Industriestr. 83-85
57518 Betzdorf
Tel.: 0 27 41/ 28 10
www.wolf-Garten.com

Ziergehölze

Baumschule Hachmann
Brunnenstr. 68
25355 Barmstedt
Tel.: 0 41 23 / 20 55
www.hachmann.de
(Rhododendren, Japanische Fächerahorn)

Baumschule Horstmann
Bergstr. 5
25582 Hohenaspe
Tel.: 0 48 93 / 37 68 90
www.baumschule-horstmann.de

Baumschulen Huben
Schriesheimer Fußweg 7
68526 Ladenburg
Tel.: 0 62 03 / 92 80 0
www.huben.de

Wörlein Pflanzenvertrieb
Baumschulweg 9
86911 Dießen am Ammersee
Tel.: 0 88 07 / 92 10 0
www.woerlein.de

Rosen

W. Kordes' Söhne
Rosenstr. 54
25365 Klein Offenseth
Tel.: 0 41 21 / 48 70 0
www.kordes-rosen.com

Lacon GmbH
J.-S.-Piazolo Str. 4a
68766 Hockenheim
Tel.: 0 62 05 / 40 01
www.lacon-rosen.de

Noack Rosen
Baum- und Rosenschulen
Im Fenne 54
33334 Gütersloh
Tel.: 0 52 41 / 20 18 7
www.noack-rosen.de

Rosarot Pflanzenversand
Gerd Hartung
Besenbek 4 b
25335 Raa-Besenbek
Tel.: 0 41 21 / 42 38 84
www.rosenversand24.de

Baumschule Schütt
Vorder-Neuendorf 16
25554 Neuendorf/Wilster
Tel. 0 48 23 / 91 95
www.historische-rosen-schuett.de

Rosenhof Schultheis
Bad Nauheimer Str. 3-7
61231 Bad Nauheim-Steinfurth
Tel.: 0 60 32 / 81 01 3
www.rosenhof-schultheis.de

Späth Baum- und Rosenschule
Glatttalstr. 76
72172 Sulz-Hopfau
Tel.: 0 74 54 / 36 64

Schweiz

Richard Huber AG
Rotenbühlstr. 8
5605 Dottikon
Tel.: +41 / (0)56 / 62 41 82 8
www.rosen-huber.ch

Stauden

Staudengärtnerei Bornhöved
Plöner Str. 10
24610 Bornhöved
Tel.: 0 43 23 / 65 80
www.staudengaerten.de

Staudengärtnerei Gaissmayer
Jungviehweide 3
89257 Illertissen
Tel.: 0 73 03 / 72 58
www.staudengaissmayer.de

Staudengärtner Klose
Rosenstr. 10
34253 Lohfelden
Tel.: 0 56 1 / 51 55 5
www.staudengaertner-klose.de

Stauden & Gartenarchitektur
Arends Maubach
Monschaustr. 76
42369 Wuppertal
Tel.: 0 22 0 / 46 46 10
www.arends-maubach.de

Staudengärtnerei Gräfin von Zeppelin
Weinstr. 2
79295 Sulzburg-Laufen/Baden
Tel.: 0 76 34 / 69 71 6
www.graefin-v-zeppelin.com

Kletterpflanzen

Baumschule Horstmann
Bergstr. 5
25582 Hohenaspe
Tel.: 0 48 93 / 37 68 90
www.baumschule-horstmann.de

Baumschule Münster
Bullendorf 19-20
25335 Altenmoor bei Elmshorn
Tel.: 0 41 21 / 45 20 03
www.clematis-muenster.de

F. M. Westphal
Clematiskulturen
Peiner Hof 7
25497 Prisdorf
Tel.: 0 41 01 / 74 10 4
www.clematis-westphal.de
(Clematis)

Stichwortverzeichnis

Seitenzahlen mit * verweisen auf Abbildungen.

Acer campestre 95, 109
A. japonica 12*
A. negundo 'Flamingo' 69
A. palmatum 13
A. platanoides 'Globosum' 41
Actinidia deliciosa 122*, 123
Ailanthus altissima 69
Akkugerät 145, 149
Alba-Rosen 77
Alba-Rose 'Belle Amour' 76
- 'Great Maidens Blush' 76
Alchemilla mollis 130*, 131, 143
Alpen-Waldrebe 113
Alte Rosen 77, 91
Amboss-Schere 146, 150
Amelanchier lamarckii 20*, 21
Aristolochia 127
Arretierung 147
Aster-Dumosus-Hybriden 143
Astkragen 68
Astsäge 150*
Astschere 109, 145, 145* 150
Astschnitt 68
Astwinkel 68
Auf-den-Stock-setzen 25, 31, 68, 108
Aufbauschnitt 7
Auslichten 8, 11, 21, 77
Auslichtungsschnitt 7, 25, 39, 51
Ausschneiden 135
Austin-Rosen 79
Azaleen 9, 56*

Ballonblume 142
Bauern-Hortensie 32*, 33
Bauernjasmin 8, 50*, 51
-, Zwerg- 'Belle Étoile' 50*
Baumsäge 150, 151, 151*
Baumschnitt 146*
Baumwachs 9
Beetrosen 71, 73
Beetrose 'Amber Queen' 72
- 'Bonica '82' 72, 72*
- 'Domstadt Fulda' 72
- 'Friesia' 72
- 'Goldmarie '82' 72
- 'Heidetraum' 72
- 'Margaret Merril' 72
- 'Ricarda' 72
- 'Rumba' 72
- 'Schneeflocke' 72
- 'Travemünde' 72
- 'Vicky' 72
- 'Weißer Engel' 72
Berberis thunbergii 97
B. thunbergii 'Atropurpurea' 96*
Berberitze 8
Berberitzen-Hecke 97
Berg-Waldrebe 111*, 113, 126*
Berufkraut 133
Besenheide 11, 14*, 15
Bestockung 139
Bienen 29
Blattaustrieb 131
Blauraute 16*, 17
Blauregen 118*, 119
Blut-Johannisbeere 36*, 37
Blütenhecke 23
Blütenholz 8
Blütenkaskaden 87
Blütenknospen 8, 91
Blütenstrauch 11, 37, 39, 67
Bodendeckerrosen 80*, 81, 89
Bodendeckerrose 'Alpenglühen' 80
- 'Ballerina' 80
- 'Heidekönigin' 80
- 'Heidetraum' 80
- 'Immensee' 80
- 'Knirps' 80
- 'Mirato' 80
- 'Purple Haze' 80
- 'Red Haze' 80
- 'Schneeflocke' 80
- 'Sommerabend' 80
- 'Sommermärchen' 80
- 'Sommerwind' 80
- 'The Fairy' 80
- 'Weiße Max Graf' 80
Bodentriebe 23
Bögen 127
Bourbon-Rosen 76, 77
Bourbon-Rose 'Boule de Neige' 76*
Buchen-Hecke 98*, 99, 112
Buchsbaum-Hecke 100*, 101
Buchsbaum-Kugel 100*
Buddleja davidii 59
B. davidii 'Pink Delight' 58*
Bügelsäge 151
Buxus sempervirens 'Suffruticosa' 100*, 101
Bypass-Schere 146

Calamagrostis × acutiflora 141
C. brachytricha 141
Calluna vulgaris 'Twingirls' 14*
C. vulgaris 15
Carpinus betulus 99, 109
Catalpa bignonioides 41
Centaurea-Arten 143
Centranthus ruber 138*, 139

Chaenomeles japonica 52*, 53
Chamaecyparis lawsoniana 107
China-Rosen 77
Chinaschilf 141, 142
Chrysanthemum × grandiflorum 139
Clematis 115, 127, 127*
Clematis - Frühjahrsblüher 113
Clematis - Großblumige Sommerblüher 115
Clematis - Viticella-Hybriden 117
Clematis 'Helsingborg' 112*
- 'Prince Charles' 116*
Clematis alpina 113
C. montana 111*, 112*, 113
C. rehderiana 117
C. tangutica 117
C. texensis 117
C. viticella 117
Clematis-Hybride 'Dr. Ruppel' 114*
Climber 83
Containerrosen 91
Coreopsis verticillata 139
Cornus alba 30*, 31
C. alba 'Sibirica' 8, 69
Cortaderia selloana 141
Cotinus coggygria 48*, 69
C. coggygria 'Royal Purple' 49
Crataegus monogyna 41, 97, 109
Crocosmia-Arten 143
Cytisus scoparius 29
C. scoparius 'Luna' 29

Dachgerüst 127
Dahlien 129*
Damaszener-Rosen 77
Damaszener-Rose 'Madame Hardy' 76
Delphinium 132*
Delph. 'Lanzenträger' 136*
Delph.-Hybriden 137
Deschampsia cespitosa 141
Deutzia 18*
Deutzia gracilis 19
Deutzia-Hybriden 19
Deutzie 18*, 19
Diamantgras 141
Drahtgerüst 127
Duft 17, 25, 51, 79

Echinops 142
Edel-Flieder 24*, 69
Edelginster 9
Edelrosen 75
Edelrose 'Aachener Dom' 74
- 'Banzai '83' 74
- 'Baronne de Rothschild' 74
- 'Berolina 74
- 'Blue River' 74
- 'Burgund '81' 74
- 'Charles de Gaulle' 74
- 'Duftwolke' 74
- 'Erotika' 74
- 'Gloria Dei' 74
- 'Herzog von Windsor' 74
- 'Hidalgo' 74
- 'Königin der Rosen' 74
- 'Marco Polo' 74
- 'Pascali' 74
- 'Rebecca' 74
- 'Whisky' 74*, 74
Efeu 126
Eibe 109
Eiben-Hecke 102*, 103
Einfassungen 101
Elektroschere 148*, 149
Englische Rosen 79
Erhaltungsschnitt 7
Erigeron-Hybriden 133
Ersatzsägeblätter 151
Eryngium 142
Erziehung 125
Erziehungsschnitt 7

Fächer-Ahorn 6, 12*, 13, 69
Fackellilie 143
Fagus sylvatica 99, 109
Feinstrahl 133
Felberich 131
Feldahorn-Hecke 95, 109, 148
Felsenbirne 20*, 21
Feuerbohne 127
Fichten 109
Fichten-Hecke 104*, 105
Fingerstrauch 23
Flamingo-Ahorn 69
Flammenblume 134*, 135
Flieder 8, 9, 25, 69
Flockenblume 143
Floribundarose 73
Formhecke 97
Formschnittschere 150*
Forsythia × intermedia 27
Forsythie 9, 11*, 26*, 27, 37
Frauenmantel 130*, 131, 143
Frost 139, 143
Früchte 21, 53, 111, 123, 127
Fruchtschmuck 85
Fruchtschnitt 125
Fruchttrieb 125
Frühjahrsblüher 9
Frühjahrsschnitt 71, 73, 75, 79, 81

Gaillardia × grandiflora 139
Gallica-Rosen 77
Gallica-Rose 'Cardinal de Richelieu' 76
- 'Charles de Mills' 76
- 'Officinalis' 76
- 'Versicolor' 76
Garten-Margerite 139
Gartendünger 109
Garteneinsteiger 95
Gartenrosen 73
Gartenschere 9, 131, 146, 147*
Gehölze 68
Gelenkblume 131
Geranium-Arten 143
Gerüstäste 13
Gerüstaufbau 119
Gerüsttriebe 37
Getriebe-Heckenschere 148
Ginster 28*, 29
Glyzine 111*, 118*, 119, 127
Goldfinger 23
Goldglöckchen 27
Goldrute 143
Götterbaum 69
Griffweite 147
Grundgerüst 7, 35, 57, 125

Hagebutten 77, 85, 91
Hainbuche 99, 109
Halbstrauch 17
Hand-Heckenschere 148
Hängekätzchen-Weide 65
Hartriegel 30*, 31
-, Sibirischer 8, 69
Haselnuss 8
Hauptäste 27
Haupttriebe 21, 51, 57, 77, 119, 125
Hauswand 126*
Hecken 6, 93, 95
- verjüngen 108*, 108
Hecken-Berberitze, Rote 96*
Heckengehölz 97, 103, 105
Heckenpflanzen 99
Heckenschere 109, 131, 143, 148*, 148
Heckenschnitt 99
Hedera helix 126
Hemerocallis-Hybriden 143
Hochstämmchen 47, 69
Hochstammrosen 81, 87, 90
Hochstammrose 'Bonica '82' 86
- 'Duftwolke' 86
- 'Edelweiß' 86
- 'Friesia' 86
- 'Gloria Dei' 86*
- 'Heidetraum' 86
- 'Maxi Vita' 86

- 'Mirato' 86
- 'Schneeflocke' 86
- 'Sommerwind' 86
- 'The Fairy' 86
Höhenlagen 105
Hortensie 33 ff.
Hydrangea arborescens 'Annabelle' 35
H. macrophylla 32*, 33
H. paniculata 35

Ilex aquifolium 109
Immergrüne 9, 15, 29, 43, 45, 103, 109
Indianernessel 131
Insekten 142
Iris-Arten 143

Jasminum nudiflorum 120*, 121
Johannistrieb 99
Jungtriebe 61, 67

Kabel-Clip 149
Kapuzinerkresse 127
Kaskadenrosen 86, 87
- 'Ghislaine de Feligonde' 86
- 'Lawinia' 86
- 'New Dawn' 86
- 'Rosarium Uetersen' 86
- 'Super Dorothy' 86
- 'Super Excelsa' 86
Katzenminze 132*, 133
Kerria japonica 55
K. japonica 'Pleniflora' 54*
Kerrie 55
Kiefern 109
Kirschlorbeer siehe Lorbeerkirsche
Kissenastern 143
Kiwi 111, 122*, 123, 127
Klappsäge 151
Kleiderhaken 6, 68
Kleinstrauchrosen 81
Kletterer 126
Klettergerüst 121, 126*, 126
Kletterhilfen 83
Kletterpflanzen 68, 111, 121, 126, 127
Kletterrosen 71, 83
-, öfterblühende 83
Kletterrose 'Alchymist' 82
- 'Compassion' 82
- 'Coral Dawn' 82
- 'Dortmund' 82
- 'Golden Showers' 82
- 'Ilse Krohn Superior' 82
- 'Lawinia' 82
- 'Morning Jewel' 82
- 'New Dawn' 82
- 'Parade' 82
- 'Parkdirektor Riggers' 82
- 'Rosarium Uetersen' 82
- 'Santana' 82
- 'Schwanensee' 82
- 'Sympathie' 82
- 'Zéphirine Drouhin' 82*
Klingen 147, 148
Kniphofia 143
Knospe 73
Knöterich 127
Kokardenblume 139
Kolkwitzia amabilis 38*, 39
Kolkwitzie 38*, 39
Kompost 9
Koniferenhecke 107
Königskerze 143
Korkenzieher-Hasel 69
Krone 47, 65, 87
Kugelahorn 41
Kugelbäume 11, 41
Kugeldistel 142
Kugelrobinie 40*, 41
Kugel-Steppenkirsche 41
Kunststoffgetriebe 150
Kurztriebe 115

Lampenputzergras 140*, 141
Laubhecke 103, 109
Laubkranz 43
Lavandula angustifolia 42*, 43
Lavendel 6, 42*, 43
Lianen 119
Liatris spicata 131
Liguster 109
Liguster-Hecke 94*, 95
Ligustrum vulgare 95, 109
Limonium 142
Linkshänder 147
Lorbeerkirsche 7, 9, 44*, 45, 103
Lysimachia punctata 131

Mädchenauge 139
Magnolie 6
Maiblumenstrauch 19
Mandelbäumchen 46*, 47
Mannstreu 142
Margerite 135
Mauerkrone 121
Melissa officinalis 143
Messerblockiersystem 149
Messerköcher 149
Minirosen 89
Miscanthus sinensis 141, 142
Monarda-Hybriden 131
Montbretie 143
Moos-Rose 76
Mulchen 109

Nachblüteschnitt 131, 135
Nachtkerze 143
Nadelgehölzhecken 109
Nepeta 'Six Hills Giant' 132*
N. × faassenii 133

Ochsenauge 135
Oenothera speciosa 143

Palmlilie 143
Pampasgras 141
Panicum virgatum 141, 142
Patiorosen 89
Paulownia tomentosa 69
Paulownie 69
Pennisetum alopecuroides 140*, 141
Pergola 119, 127
Perovskia abrotanoides 16*, 17
Perückenstrauch 48*, 49*, 69
Pfeifenstrauch 51
- 'Belle Étoile' 50*
Pfeifenwinde 127
Pflanzschnitt 7, 91, 99, 103
Philadelphus coronarius 50*, 51
Phlox 129*, 134*, 135
P.-Paniculata-Hybriden 135
- 'Wilhelm Kesselring' 134*
Physalis alkekengi 142
Physostegia virginiana 131
Picea abies 104*, 105
Pilzsporen 68
Polyantharosen 73
Potentilla fruticosa 23
- 'Goldfinger' 22*
Prachtscharte 131
Präzisionsschliff 151
Profischeren 147
Prunus fruticosa 'Globosa' 41
P. laurocerasus 44*, 45
P. tenella 47
P. triloba 46*, 47

Radikalkur 63, 109
Radikalschnitt 47
Ramblerrosen 85
Ramblerrose 'Alberic Barbier' 84
- 'Albertine' 84
- 'American Pillar' 84
- 'Bobbie James' 84
- 'Félicité et Perpétue' 84
- 'Flammentanz' 84
- 'Goldfinch' 84
- 'Little Rambler' 84
- 'Maria Lisa' 84
- 'Rambling Rector' 84
- 'Seagull' 84
- 'Veilchenblau' 84
- 'Wedding Day' 84*, 84

Ranker 126
Rankgerüst 83
Ranunkelstrauch 8, 54*, 55, 69
Rasen-Schmiele 141
Raumteiler 95
Reitgras 141
Remontieren 133
Remontierschnitt 133, 137
Rhododendron 7, 9, 56*, 57
Ribes sanguineum 37
Rinde 31, 39, 51, 90
Rispen-Hortensie 34*, 35
Rittersporn 132*, 136*, 137
Robinia pseudoacacia 'Umbraculifera' 41
Rollgriffe 147
Rosa × centifolia 'Muscosa' 76
Rosen 6, 68
Rosen schneiden 90*
-, wurzelnackte 91
Rosenbögen 83
Rosenschere 143
Rosenschnitt 90*
Rosensorten, historische 77
Rosenwände 83
Rotbuche 99, 109
Rotdorn 41
Rückschnitt, kompletter 137
Rudbeckia 142
Ruten 17, 29, 31, 49, 65
Rutenhirse 141, 142

Sägeblätter 151
Salix caprea 'Pendula' 65
S. integra 'Hakuro Nishiki' 64*, 65
Schattenspender 111*
Scheinzypressen 103, 109
Scheinzypressen-Hecke 107
Scherblätter 68
Schlinger 126
Schmetterlinge 29
Schmetterlingsstrauch 7, 8, 11, 59
Schmuckkörbchen 129*
Schneeball 61
-, Gefüllter 60*
-, Gemeiner 61
Schneeball-Arten 61
Schneeball-Hortensie 35
- 'Annabelle' 34*
Schneideprinzipien 146
Schneidkopf 151
Schnittfehler 107
Schnittform 6
Schnittführung 68, 90
Schnitthäufigkeit 6
Schnitthilfe 101
Schnittregeln 6, 7, 31, 77, 90
Schnittstelle 90
Schnitttechnik 147
Schnittwunden 109
Schnittzeitpunkt 6
Schwertlilie 143
Seitentriebe 19, 45, 77, 87, 119
Selbstaussaat 143
Sicherheitsanschlag 149
Sichtschutz 95, 107, 109, 127*
Sitzplatz 111*, 127*
Solidago-Hybriden 143
Sommerblüher 23, 35
Sommerblumen 129*
Sommerflieder 58*, 59
Sommerschere 9*, 147*
Sommerschnitt 73, 75, 79, 81, 99, 123
Sonnenbraut 135
Sonnenhut 142
Spalier 53, 83, 122*, 123, 125
Spätsommerschnitt 139
Spierstrauch 62*, 63
Spiraea × arguta 63
S. × bumalda 63
S. japonica 62*, 63
S. thunbergii 63
S. × vanhouttei 63
Spitzendürre *(Monilia)* 47
Spornblume 138*, 139
Spreizklimmer 126
Stammbasis 45
Stauden 68, 129, 142
Staudenbeet 23, 142
Stechpalme 9, 109
Sternrußtau 90
Storchschnabel 143
Strandflieder 142
Strauchrosen 71, 81
-, einmalblühende 77
-, öfterblühende 79
Strauchrose 'Astrid Gräfin von Hardenberg' 79
- 'Eden Rose '85' 78
- 'Elveshörn' 78
- 'Flashlight' 78
- 'Freisinger Morgenröte' 78
- 'Ghislaine de Feligonde' 78
- 'Graham Thomas' 79
- 'Louise Odier' 76
- 'Schneewittchen' 78*, 78
- 'Westerland' 78, 79
Stummel 125
Stutzen 43
Syringa vulgaris 25
Syringa vulgaris 'Marie Legraye' 24*

Taglilie 143
Taxus baccata 102*, 103, 109
Teehybriden 71, 75
Telekia speciosa 143
Telekie 143
Teleskopsäge 151
Teleskopschere 149*, 150
Teleskopwerkzeug 145
Thuje 103, 109
Thujen-Hecke 106*
Totalrückschnitt 131, 133, 137
Trauben 125
Trauerrosen 86, 87
Triebstummel 68
Trockenmauer 23
Trompetenbaum 41

Vegetationsruhe 9, 69, 109
Verbascum-Arten 143
Veredelungsstelle 69
Vergreisen 25
Verjüngen 6, 8, 51, 57
Verjüngungsschnitt 8, 29
Verzweigung 45
Viburnum × bodnantense 61
V. carlesii 61
V. farreri 61
V. opulus 61
V. opulus 'Roseum' 60*, 61
Vitalkur 108
Vitis vinifera 125
Vögel 142
Vogelnest 95, 99
Voralpenland 105

Waldreben 113, 126
Weide, Harlekin- 64*, 65, 69
-, Zier- 11, 65
Weidenstämmchen 65
Weigela-Hybriden 67
- ‚Styriaca' 66*
Weigelie 66*, 67
Weinlaube 127*
Weinrebe 111, 124*, 125, 127
- 'Birstaler Muskat' 124
- 'Boskoop Glory' 124
- 'Muscat bleu' 124
- 'Regent' 124
Weinstock 125
Weintrauben 124*
Weißdorn 97, 109, 148
Weißdorn-Hecke 97
Werkzeug 9, 68, 109, 145*, 145
Werkzeugpflege 151*
Wildarten 117
Wildgehölz 97
Wildrosen 77
Wildtriebe 13, 69, 87, 90, 91*, 91
Windschutz 99
Winter-Jasmin 120*, 121

Winternässe 141
Winterschnitt 99
Winterschutz 141, 143
Wisteria sinensis 111*, 118*, 119
Wolfsmilch 112*
Wunden 9, 37, 68
Wundverschlussmittel 9, 68
Wurzelausläufer 69
Wurzelkletterer 126
Wurzelschösslinge 69

Yucca 143

Zapfen 35, 45
Zaubernuss 6
Ziergehölz 21, 27
Zierobst 53
Zierquitte 52*, 53
Zierstämmchen 69
Zitronenmelisse 143
Zwergart 19
Zwergrosen 89
Zwergrose 'Alberich' 88
- 'Baby Maskerade' 88
- 'Charmant' 88
- 'Eleanor' 88
- 'Guletta' 88*, 88
- 'Lady Meillandina' 88
- 'Maidy' 88
- 'Orange Meillandina' 88
- 'Pink Meillandina' 88
- 'Pink Symphonie' 88
- 'Scarletta' 88
- 'Sonnenkind' 88
- 'Starina' 88
- 'White Gem' 88
- 'Zwergkönigin '82' 88

Über die Autorin

Rosa Wolf, diplomierte Gartenbau-Ingenieurin, studierte in Freising-Weihenstephan und an der TU Hannover-Herrenhausen. Sie praktizierte anfangs in Baumschulen, Staudengärtnereien und bei Gartenarchitekten. Seit nunmehr 12 Jahren gibt sie ihr Wissen als Garten-Redakteurin in der Redaktion FLORA GARTEN mit großer Freude an Hobbygärtner weiter. Sie leitet das Ressort Gartenpraxis und hatte schon zahlreiche Publikationen zum Thema »Schnitt im Garten«.

Bibliographische Information der Deutschen Bibliothek

Die Deutsche Bibliothek verzeichnet diese Publikation in der Deutschen Nationalbibliographie; detaillierte bibliographische Daten sind im Internet über http://dnb.ddb.de abrufbar.

BLV Buchverlag GmbH & Co. KG
80797 München

Bildnachweis: Baumjohann 6; Borstell 1, 2/3, 4m, 4u, 5o, 64, 70/71, 72, 92/93, 94, 96, 98, 100, 102, 106, 110/111, 116, 118, 122/Einkl., 127o; Flieger Carsten/ Flora/Picture Press 91; Hagen 140; Krohme/Flora/Picture Press 68u, 90; Markley 69, 88, 107; Radloff/Flora/Picture Press 108, 109; Redeleit 151; Reinhard 5m, 5u, 12, 14, 18, 22, 30, 32, 34, 38, 38/Einkl., 40, 44, 46, 50/Einkl., 62, 74, 76, 82, 84, 112, 112/Einkl., 120, 122, 124, 124/ Einkl., 128/129, 144/145; Seidl 16, 20, 24, 26, 42, 48, 49, 50, 52, 54, 56, 58, 60, 66, 78, 86, 114, 130, 132, 134, 136, 138, 139; Stein 68o, 68m; Strauß 4o, 8, 9, 10/11, 28, 34/Einkl., 36, 80, 95, 104, 126, 142, 143; www.bosch.de 148r; www.fassadengruen.de 127u; www.fiskars.de 147or, 149o; www.gardena.com 150r; www.gartenbedarf-versand.de 147ol, 147u, 149u; www.WOLF-Garten.com 146, 148l, 150l
Grafiken: Horst Gebhardt: 13, 15, 17, 19, 21, 23, 25, 29, 31, 37, 39, 41, 45l, 49, 51, 53, 55, 61, 63, 67, 75, 77, 81, 83, 95, 97, 103, 105, 107, 133, 141; Gebhardt, H./Flora: 27, 33, 35, 43, 45r, 47, 57, 59, 65, 73, 79, 85, 87, 89, 99, 101, 113, 115, 117, 119, 121, 123, 125, 131, 135, 137, 139

Umschlagabbildungen: Vorderseite: Jack Hollingsworth/Corbis;
Rückseite: Gebhardt H./Flora
Lektorat: Dr. Thomas Hagen, Anita Heidenfelder
Herstellung und Layoutentwurf Innenteil: Ruth Bost
Satz: Uhl + Massopust, Aalen

Gedruckt auf chlorfrei gebleichtem Papier

Printed in Germany
ISBN 978-3-8354-0369-7